Stephan Siebenkäs

Physik des Wünschens

ISBN 3-8311-1677-6

Inhalt

Erfolgreich wünschen ?

Anhang

Vorwort

Dieses Buch erzählt keine Geschichten, aber es können viele neue Geschichten daraus entstehen. Es beschäftigt sich vordringlich mit Gedankenmodellen, die gewissermaßen in der Luft liegen und dazu dienen können, unser Leben erfüllter und bewußter zu gestalten.

Wissenschaftliche Modelle leiten gewaltige technische Umwälzungen ein, sind sie auch in der Lage, seelische Veränderungen der Menschen mit anzustoßen?

Eine ganze Zeit lang gründete die Naturwissenschaft - jedenfalls in ihrer Hauptströmung - auf dem Modell, geistige Wirkungen auf die Materie auszuschließen. Heute könnte sich gerade das Gegenteil als richtig erweisen, mit der Folge, daß der technischen Revolution eine seelische folgen würde.

Nach der hier begründeten Auffassung haben unsere Gedanken immer eine Wirkung, ob wir daran glauben oder nicht. Es wäre aber besser, diese bewußt einzusetzen. Nun will ich aus dieser Angelegenheit keinen zweiten Gottesbeweis machen, denn das sind Spiele des Verstands. Genauso wie der Zwang, immer recht haben zu wollen. Dennoch beziehe ich einen Standpunkt und fordere den Leser dazu auf, das Gesagte auf sich wirken, sich davon anregen zu lassen. Jeder Mensch besitzt eine Art inneres Wissen, das er in die Waagschale werfen kann. Mag auch eigentlich Schweigen Gold sein, so gehört es doch zum Leben, einen Standpunkt zu äußern, der nicht unbedingt mit der wertenden Verwerfung eines konträren Standpunkts verbunden sein muß. Ich bitte den Leser um Nachsicht, wenn es bisweilen anders erscheinen mag.

Fast jeder korrigiert im Lauf seines Lebens Meinungen, die ihm einmal wie 'höchste Wahrheiten' vorkamen. Sind sie deshalb falsch?

Sie sind ihm heute einfach nicht mehr dienlich.

Das größte Hindernis fürs Wünschen ist der Glaube an das Hindernis - oder: das sogenannte Problembewußtsein!

Wie ist dieses Problem zu lösen? Wie können überhaupt Probleme gelöst werden oder besser: Wie kann man sich von Problemen lösen?
Am besten dadurch, daß man vergißt, daß es überhaupt Probleme gab. Letztlich ist es meine Absicht, auf Hindernisse hinzuweisen, damit sie um so sicherer in Vergessenheit geraten können.

Einleitung

Physik des Wünschens - werden hier nicht Bereiche miteinander vermengt, die eigentlich nichts miteinander zu tun haben?

Physik - das war oder ist für die meisten von uns ein mehr oder minder (meist minder) beliebtes Schulfach, in dem wir scheinbar unabänderliche Naturgesetze und viel Formeln büffeln und anwenden mußten. Schon bei geringem Fleiß war es immerhin möglich, z.B. eine Durchschnittsgeschwindigkeit zu bestimmen, wenn wir zu einer bestimmten Zeit an einem anderen Ort sein wollten. Etwas mühsamer war da schon die Berechnung des elektrischen Widerstands, sagen wir in einer Reihenschaltung. Oder, noch abstrakter: die Beschäftigung mit atomaren Vorgängen. Die meisten haben hier schon innerlich abgeschaltet, und zwar reihenweise, oder diesen Teilbereich der Physik in der Schule nie präsentiert bekommen.

Dabei ist der auf den ersten Blick alltagstauglichere Teil der Physik am Ende vielleicht weit weniger spannend als die Welt des Allerkleinsten, denn hier geschehen gar wundersame Dinge, die auch unseren Alltag umwälzen könnten, wenn wir nur ein wenig Notiz davon nehmen würden. Die 'hartgesottenste' aller Naturwissenschaften, die Physik, entpuppt sich vielleicht zu guter Letzt zugleich als Geisteswissenschaft.

Damit sind wir beim Wünschen, einem geistigen Akt. Ohne Zweifel verbinden wir damit nicht Abhängigkeit von einer naturgesetzlichen Ordnung, sondern unsere bewußte Entscheidung und die Freiheit, etwas zu wollen oder abzulehnen. Oft verlernen wir auf unserem Lebensweg die Fähigkeit, etwas mit aller Kraft zu wünschen. Wenn wir etwas erreichen wollen, meinen wir uns schrecklich ins Zeug legen zu müssen. Schon in der Schule wird uns eingetrichtert, daß nur der etwas verdient, der sich anstrengt, der sich durchsetzen kann usw.

Wünsche haben - hat das überhaupt einen Sinn angesichts der täglichen Anforderungen, die das Leben an uns stellt? Sind sie überhaupt gerechtfertigt oder sollten wir nicht lieber wunschlos glücklich sein?

Mir scheint, daß die Zeit zu Ende geht, in der wir das Wünschen lediglich rührselig-sentimental in das gelobte Land einer fernen Kinderwelt verlegt haben.

Vielleicht kann uns die Physik dabei helfen, das Wünschen wieder zu lernen?!

Mythen und Geschichten

Allgemeines

Ein herrlicher Sonnenuntergang am Meer. Wir stehen auf einer Klippe und beobachten das Spiel der Farben, die 'Verformung' des Sonnenballs in der Nähe des Horizonts. Langsam verblassen das rot/orange der Sonne, das Blau von Himmel und Wasser und machen der Farblosigkeit der Dunkelheit Platz. Die Gesänge der Vögel werden schwächer, und vielleicht ist nur noch das Zirpen einiger Grillen zu hören...
Diese Sätze sind noch am wenigsten eine Geschichte, auch wenn sie einen Ablauf festhalten. Sie zielen darauf, eine Stimmung zu beschreiben, Bilder und Stimmungen beim Leser hervorzuholen, sich in der Gegenwart solcher Bilder zu verlieren.
Geschichten, mit denen wir es normalerweise zu tun haben, sind von ganz anderer Art. Sie versuchen nicht; sich der Gegenwart zu nähern, die letzten Endes unbeschreiblich ist, sondern legen eine Sicht der Welt zugrunde, in der die Beobachtungen 'sinnvoll' geordnet werden.
Geschichten spielen zwischen Ursachen (Kausalität) und Zielen, Absichten (Finalität). Sie wollen oft etwas erklären helfen, logisch ordnen usw. Schon in der Grundschule werden solche 'logischen Geschichten'- wie ich meine zwar gerechtfertigt und dennoch einseitig - mit den Schülern trainiert. Da gibt es z.B. Geschichten mit vertauschten Bildern. Die Kinder müssen die Bilder in einem richtigen kausalen Ablauf ordnen und eine Beschreibung dazu liefern. Nicht daß es unsinnig wäre, so etwas zu üben, aber solche Geschichten haben eine eindimensionale Stringenz: das eine leitet sich immer aus dem vorigen ab. Folgen unsere persönlichen Lebensläufe und Lebensgeschichten, die wir anderen mitteilen, nicht oft ähnlichen Strickmustern? Das, was wir heute sind,

ergibt sich danach geradlinig aus den jeweils davor liegenden Ereignissen, bis wir in unserer Betrachtung bei unserer Kindheit angelangt sind. Damit verbauen wir uns die Möglichkeit, andere, versteckte Linien unseres Lebens aufzuspüren.

Während ich das hier aufschreibe, erlebe ich zum x - ten Mal die Schwierigkeit weiter zu schreiben. Es gäbe viele mögliche Ordnungen in der weiteren Darstellung, und ich versuche, die vermeintlich leserfreundlichste, angemessenste und interessanteste zu finden. Daß ich dieses Buch an vielen Stellen gleichzeitig begonnen habe, ist nur 'logisch', denn die einzelnen Abschnitte sind wie Puzzlesteine in einem Bild, immer Teile in einem Gesamtblick und doch nicht diese Idee selbst.

Zurück zum Sonnenuntergang: aufgrund eines Prozesses heißer Fusion von Atomkernen produziert unsere Sonne ungeheure Mengen von Energie. Ein Teil dieser Energie erreicht unsere Atmosphäre in der Gestalt von Licht. Die Sonne sehen wir deshalb in einer gelb - weißen Farbe, die Streuung des Lichts durch die Lufthülle läßt den Himmel blau erscheinen. In der Nähe des Horizonts dagegen erscheint uns die Sonne orange und rot, da dieser Teil des Lichtspektrums schwächer abgelenkt wird (Dispersion). Brechungseffekte lassen die Sonne in der Nähe des Horizonts eher wie ein Ei als eine Kugel erscheinen.

Auch eine mögliche Geschichte zu einem Naturspektakel, allerdings eine, die dieses Erlebnis auf wissenschaftliche Erklärungen reduziert. Sie versucht zu erklären, wo die erste 'Sonnenuntergangsgeschichte' nur beschreibt und Stimmungen einzufangen sucht. Ist die Geschichte des Wissenschaftlers realistischer, weil sie weniger subjektiv gefärbt ist?

Genau das gehört, wie ich meine zu den fundamentalen Irrtümern unseres wissenschaftsgläubigen Jahrhunderts. Nur die Quantenphysik im Bereich der Wissenschaft hat hier neue Marken gesetzt. Sie hat nicht nur die Grenzen von Voraussagen aufgezeigt und damit die Fragwürdigkeit kausaler Geschichten. Sie hat auch dem Beobachter, dem Subjekt wissenschaftlicher

Forschungen, eine neue Rolle zugemessen: die Antworten, die die Natur auf Experimente gibt, hängen von der Art der Fragestellung, d.h. dem theoretischen Vorverständnis des Experimentators, dem Versuchsaufbau usw. ab. Reine Objektivität ist damit passe geworden. Auch naturwissenschaftliche Hypothesen und Theorien sind nur Modelle oder mögliche Geschichten, nicht aber die Wirklichkeit an und für sich. Ob überhaupt eine Wirklichkeit an und für sich existiert, ohne Strukturierung durch geistige Felder und innere Bilder, ist mehr als fraglich. Da zu später mehr. Was Physiker nun schon seit 70 Jahren wissen, gehört in den Wissenschaften, die sich mit dem Menschen beschäftigen, Psychologie und Medizin, keineswegs zu den Selbstverständlichkeiten. Diese sind, jedenfalls in der Hauptströmung, einem längst überholten Ideal von Objektivität verpflichtet, als müßten sie ständig auf diese Weise ihre 'Wissenschaftlichkeit' unter Beweis stellen.

Da aber Geschichten und Modelle die Wirklichkeit nicht nur ordnen, sondern sie auch erzeugen, ist es wichtig, den Finger noch genauer auf die Wunde zu legen, damit wir den Mythen, die uns im Grunde langweilen und die uns unsere Freiheit absprechen, leichter den Rücken kehren können.

Da ist einmal die Physik, die sich Jahrzehnte nach der Grundlegung der Quantentheorie heute in einem neuen Aufbruch befindet. Die Theorie eines Vakuumfeldes mit unerschöpflichen Energieressourcen, neue Ideen zum Verhältnis von Materie und Geist usw. führen zu völlig neuen Modellen auch in den Bereichen, die man gewöhnlich von eisernen Naturgesetzen beherrscht sah. Das Nullpunktfeld wird heute zum Synonym von Unsicherheit und neuen Möglichkeiten! Viele fragen sich heute: Stimmen die alten Geschichten noch?

Sie scheinen noch zu funktionieren, aber müssen sie immer nur so funktionieren? Und: weiß ich wirklich, was hinter einem Phänomen steckt, wenn ich weiß, wie es - bisher nur auf diese eine Weise - funktioniert? Wir wissen, wie man Licht macht, notfalls mit Feuer, aber niemand weiß wirklich, was Licht ist. Wir wissen, daß ein geworfener Stein auf den Boden schlägt, was sogar berechenbar ist.

Was ist ein Vakuumfeld?
Das Vakuum ist zwar durch das Fehlen von Materie gekennzeichnet, enthält aber nach der modernen Physik dennoch eine gewaltige Menge an Energie. In der Quantenfeldtheorie steht diese Energie im Zusammenhang mit dem ständigen Entstehen und Vergehen äußerst kurzlebiger sogenannter virtueller Teilchen aus dem leeren Raum, dessen Möglichkeit die Unschärferelation von Heisenberg (1927) prognostiziert. Quantenmechanische Wellenmodelle gehen dagegen von einer Nullpunktschwingung aus, die zusammen mit ihren Oberschwingungen zum Gesamtenergiepotential des Vakuums beiträgt (Zusammenhang von Frequenz und Energie, je höher die Frequenz, desto größer die Energie). Andere physikalische Konzepte sehen das Vakuum als nicht leer, sondern von einem quasi-flüssigen Medium, dem Äther, erfüllt an.

Wir wissen aber nicht, was das für eine merkwürdige Kraft ist, die Gravitationskraft. Solange wir aber nur diese eine Version der Geschichte kennen, können wir nicht ausschließen, daß es auch noch eine andere mögliche Version gibt.

Amerikanische Physiker, unter ihnen so bekannte Wissenschaftler wie Puthoff, aber auch führende Persönlichkeiten der US-Air Force, haben bereits neue Konzepte zur Schwerkraft entwickelt, die die Manipulation dieser Kraft und in weiterer Zukunft Raumflüge mit Überlichtgeschwindigkeit ermöglichen werden.

Wohlgemerkt: es handelt sich hier nicht um Science - Fiction-Autoren! Und doch geht es wohl nicht ohne ein Quäntchen

Phantasie, wenn man die alten Gleise in der Wissenschaft verlassen will. 'Bewiesen' werden kann immer nur ein (vorläufiges) Verständnis von Naturverläufen, nie aber, ob es so ist oder anders. Was einmal als absolute Wahrheit galt, kann sich schon morgen als eine begrenzte Sichtweise der Wirklichkeit herausstellen.

Die Wirklichkeit 'wahr'zunehmen, ist ein ständiges Spiel, bei dem man immer wieder Neues entdecken kann. Leider bewegen sich sehr viele Menschen im Bann der ewig gleichen alten Geschichten, der ewig gleichen Bilder und Systeme. Da sie Angst haben, sie spielerisch als lediglich eine Möglichkeit ins Auge zu fassen, geraten ihre Theorien unweigerlich zu quasi-religiösen Aussagen, zu Systemen, die in sich geschlossen sind. Daß das nicht nur ein Problem von Naturwissenschaftlern ist, sondern auch zum Beispiel von Medizinern oder Psychologen, ist hinlänglich bekannt. Mit dem Instrument einer 'objektiven' Sicht der Welt wird alles 'niedergemäht', was nicht ins offizielle Bild paßt. Was nicht wiederholbar und nicht meßbar ist, das ist angeblich nicht möglich, bloße Einbildung, Täuschung. Dabei wird verkannt, daß die Kriterien von Meßbarkeit und Wiederholbarkeit subjektive Grundsätze sind. Wer die Realität in ein solches Schema pressen will, verengt seine Wahrnehmung auf das, was er sehen will.

Welche Blüten eine solche Weltferne und Theorieverliebtheit treibt, entlarvte der Film 'Campus' von S. Wortmann in einer Szene auf sehr treffliche Weise:

Anläßlich des Versuchs, in einem öffentlichen Hearing an der Uni den Soziologieprofessor des sexuellen Mißbrauchs an einer seiner Studentinnen zu überführen, kommentiert die Frauenbeauftragte und feministisch eingestellte Psychologin eine Tonbandaussage des angeblichen Opfers. Darin schildert die Studentin, wie sie sich in den freundlichen Professor verliebte und sie schließlich ihn, nicht er sie verführte. Die Frauenbeauftragte sieht gerade in dieser Aussage ein deutlichen Beweis für einen sexuellen Mißbrauch: sie deutet die Aussage als Versuch der Studentin, die angeblich traumatischen Erlebnisse zu verarbeiten, in denen sie sich selbst die Schuld gibt, ihr Bild des geschützten Vaters auf dem Professor projiziert usw. Da meldet sich, im selben Hearing, ein Mathematikprofessor mit einer kurzen, aber entwaffnenden Frage zu Wort:

"Was hätte die Studentin denn sagen müssen, wenn es wirklich so gewesen ist, wie sie behauptet?"

Brillen, durch die die Wirklichkeit betrachtet werden, führen nur zu Zirkelschlüssen, wenn man vergißt, daß man eine Brille aufhat, die man auch absetzen könnte. Andernfalls wird aus dem möglichen Spiel mit der Wirklichkeit das hermetisch geschlossene dogmatische System, das sich immer wieder nur selbst bestätigt, und zwar selbst an einer Wirklichkeit, die dieses System stören könnte. Wer sein religiöses Glaubensdogma für die allein seligmachende Wahrheit hält, muß, schon um der Erhaltung seines Glaubens willen, jeden Gegner als teuflisch und gottlos verurteilen!

Geschlossene Denksysteme gibt es aber auch in anderen Bereichen. "So haben Popper und andere zum Beispiel der Psychoanalyse vorgeworfen, daß sie in dem oben genannten Sinn hermetisch ist. Wer etwas gegen die Psychoanalyse sagt, ist im Widerstand, was selbst ein Konzept aus dieser Theorie ist. Oder allgemein gesagt, wer dagegen ist, ist krank."[1]

Geschichten und Mythen werden nur dadurch stimmig, wodurch sie auch ihre einseitige Geschlossenheit verlieren, wenn sie der Maxime folgen: es ist so und zugleich auch ganz anders. Diese Geschichten sind schillernd, chamäleonartig, paradox. Solche merkwürdigen Paradoxa durchziehen nicht nur spirituelle Rätsel des Zen-Buddhismus, man findet sie neuerdings auch im Herzen der 'härtesten' naturwissenschaftlichen Disziplin, der Physik. Oder ist der bekannte Dualismus Welle/Teilchen keine paradoxe Geschichte? Einstweilen scheint es nicht möglich zu sein, völlig auf Geschichten zu verzichten, egal ob es sich dabei um persönliche Lebensgeschichten, wissenschaftliche Forschung oder künstlerische Produktionen handelt. Unter den meisten Wissenschaftlern hat sich inzwischen herumgesprochen, daß Forschung ohne Denkmodelle, ohne ein Vorverständnis nicht auskommt. Aber auch Wissenschaft erstarrt, dreht sich im Kreise, wenn sie nicht mit dem Mut und der Intuition betrieben wird, die es ermöglicht, ein für allemal für wahr geglaubte Theorien in Frage zu stellen.

Neue Hypothesen können zu neuen Experimenten, neuen Wahrnehmungen, aber auch zu neuen Wirklichkeiten führen. Das, was wir sehen und erleben, wird durch das, was wir glauben, zumindest mit geschaffen. Mythen haben eine große Kraft: sie sind nicht nur Wirklichkeitsbetrachtungen, sondern auch Wirklichkeitsschöpfer. Die Eigenschaften, die wir den uns umgebenden Dingen oder Personen, Tieren, Pflanzen zuweisen, sind vielleicht viel weniger stabil als wir annehmen. Der Physiker Zajonc ging so weit, Lichtteilchen als Objekte ohne Eigenschaften zu sehen, solange bis wir sie beobachten. Nicht weniger gilt das wahrscheinlich für die Eigenschaften, die wir uns oder anderen 'andichten', oft ja auch die Quelle von Streits in langjährigen Beziehungen zwischen Menschen. Allein die Wortwahl verrät hier ungeheuer viel. Ein mögliches Gespräch zwischen alten Bekannten, das dann eventuell nicht sehr lange dauert. "Rede lauter, ich verstehe dich sonst nicht, du nuschelst so vor dich hin."

"Sperr doch deine Ohren auf, dann verstehst du mich schon!"

"Dir zuzuhören ist überhaupt sehr mühsam, du nuschelst immer so!"

"Glaube ich nicht!"

"Ja vielleicht hast du Angst, lauter und klarer zu reden, irgendwie bist du ja auch ein ängstlicher Typ" -

Das war die typische Steigerung bis hin zur 'Festnagelung' des anderen. Dann fehlt nur noch der Nachsatz: "Jetzt sei doch nicht gleich beleidigt!" Durch diesen Satz ist fast totsicher aus einer möglichen und unter Umständen auch wahrscheinlichen Wirklichkeit eine wirkliche Wirklichkeit geworden!

Die Parallelen zur Quantenphysik sind unverkennbar: Zunächst existieren nur Wahrscheinlichkeiten, Möglichkeiten, die mit Hilfe z.B. der Schrödinger-Gleichung berechenbar sind. Diese werden durch die Beobachtung zu Wirklichkeiten. Es gibt also nicht nur eine Struktur von Wirklichkeit, sondern auch eine Struktur von Wahrscheinlichkeiten, ebenfalls eine Wirklichkeit, aber nicht so objekthaft und eindeutig wie unsere Alltagswirklichkeit. Natürlich gibt es auch zu diesem Phänomen unterschiedliche Geschichten. Zugespitzt behaupten einige, die Objekte entstünden erst durch unseren Beobachtungsakt.

Z.B. sei der Mond nicht da, solange wir nicht hinsehen. Die anderen meinen, die Objekte existierten tatsächlich, auch ohne unsere Hinsehen, Messen, Beobachten. Gut möglich, daß beide Geschichten einen Zipfel der Wahrheit erfassen. Meiner Ansicht nach ist das Kernproblem, wie Geist auf oder in Materie wirkt. Es gibt keine materielle Struktur, die nicht geistigen Ursprungs ist. Mittels unserer Gedankenkraft, d.h. weniger durch den teilnahmslosen Beobachtungsakt als vielmehr durch unsere Erwartungshaltung, schaffen wir unsere Wirklichkeiten. Andere geistige Felder o.ä.. lassen größere 'Objekte' wie den Mond entstehen. Daher ist anzunehmen, daß der Mond auch da ist, wenn wir nicht hingucken. Über den materiellen Spiegel betrachtet Geistiges Geistiges, erlebt sich darin, schöpft Neues. Die grundsätzliche Akausalität und Geisthaftigkeit auch der materiellen Welt ist ein Hinweis auf die überall vorhandene Kreativität, es gibt keine tote Materie! Geschichten, die wir entwickeln, sind ein Teil dieses kreativen Spiels, sollten also nicht zu ernst genommen werden, andernfalls können wir das Spiel nicht mehr spielen. Deshalb steht auch nicht fest, ob der Mond immer so aussieht, wie wir ihn jetzt sehen. Ich behaupte - und zwar durchaus begründet - daß der einzelne immer die Möglichkeit hat, auch aus den kulturellen herrschenden Mythen und Wahrnehmungsweisen auszusteigen und dadurch völlig andere Erfahrungen zu machen als die Mehrheit der Menschen. Das ist aber sicherlich umso schwerer, je rigider und dogmatischer die Grundvorstellungen einer Kultur sind. Wir brauchen wahrscheinlich solche Grundvorstellungen, aber wir brauchen nicht die, die uns keinen Raum lassen, sie auch zu verändern. Wir brauchen nicht die geschlossenen Geschichten, die uns nur erlauben, uns in ewig gleichen Kreisen zu bewegen. Fast alle religiösen Systeme sind solche geschlossenen Systeme, die den Menschen Sicherheit und eine Antwort auf die Sinnfrage geben, aber zu welchem Preis? Zu dem Preis, die Freiheit aufzugeben und sich einem fremden, dem angeblich göttlichen Willen zu beugen. Darin steckte jedoch schon der Keim des Untergangs, da eine wichtige Frage unbeantwortet bleiben mußte: Wie kann ich mich dem göttlichen Willen widersetzen, wenn doch alles göttliche Schöpfung ist? Die Verdrängung dieses Widerspruchs ist endgültig gescheitert, nicht zuletzt durch die Ereignisse des 20. Jahrhunderts.

Daß die Wirklichkeit selbst und nicht allein unsere - noch unvollständige - Theorie paradox ist, wissen die Physiker schon seit 70 Jahren. Jetzt ist es höchste Zeit, Paradoxa auf allen Gebieten des Lebens zuzulassen, was selbstverständlich voraussetzt, daß die Menschen sich nicht mehr an die äußere Sicherheit von eindeutigen Denksystemen klammern müssen. Woher kommt der Mensch, wo geht er hin? Diese Frage hat die Menschen zu allen Zeiten bewegt. Die Religionen geben darauf eine Antwort. Viele Religionen sehen das Abenteuer der Evolution als ein Spiel, in dem der Ausgang schon feststeht. Aber machen wir uns etwa schuldig, wenn wir nicht so mitspielen, wie es ein Plan vorsieht, ein Plan mit Happy-End? Sind wir nur Komparsen in einem Stück, bei dem andere die Anweisungen geben und die Fäden ziehen? Sind wir etwa genötigt zu vergessen, daß wir vom Baum der Erkenntnis gegessen haben? Wenn jemand die Geschichte so erzählt, dann besteht die Gefahr, daß man sich darin erblickt, seine Rolle bewertet und sagt, so darf ich nicht sein, sondern ich muß ganz anders sein, nämlich so oder so. Damit verliert man die Möglichkeit, mit sich ins Reine zu kommen in tiefer Hinsicht, was meiner Meinung nach an erster Stelle stehen sollte. Erst die Geschichten verwandeln unsere natürliche angeborene Unschuld in Schuld. Die sogenannte Unschuld der Kinder hat damit zu tun, daß Sie den Schuld erzeugenden Geschichten nicht so verhaftet sind. 'Werdet wie die Kinder'- das bedeutet auch, mehr dem Augenblick zu vertrauen, zu leben, statt nur über das Leben als Quelle von Problemen nachzudenken. Ich kann über eine Straße tänzeln, einfach so, weil es mir Spaß macht. Oder ich kann mich dabei beobachtet fühlen, was die Dinge verändert. Womöglich versuche ich dann besonders gerade zu gehen, besonders unverkrampft und

locker - dadurch natürlich noch verkrampfter, weil ich jemanden beeindrucken will, der sich über meine Art zu gehen, lustig machen könnte usw. usw.

Der gelebte Augenblick bringt mich in eine Situation der Unschuld, die einen Sinn für sich selbst hat, nicht erst für etwas, das darauf folgt.

Oder ist ein herrlicher Sonnenuntergang, eine liebevolle Umarmung, jeder köstliche Augenblick nicht für sich selbst von Bedeutung? Manche drehen das Ganze herum, indem sie das nur als bedeutend betrachten im Zusammenhang mit einer Aufgabe, nämlich als Stufen auf der Leiter persönlichen Wachstums. Da kann doch etwas nicht stimmen!

In der Geschichte der Wissenschaft ist der Begriff 'Reduktionismus' bekannt. Reduktionismus kommt von lateinisch 'reducere' und heißt zurückführen. Immer wenn Erfahrungen aus einem bestimmten Denkgebäude heraus erklärt werden, dann hat das etwas mit diesem Reduktionismus zu tun. Traditionell bezeichnen Wissenschaftler/ Philosophen einen Ansatz als reduktionistisch, der alles Geistige, die Entwicklung des Lebens, die mannigfaltigen Formen der Lebewesen und deren Entstehung aus materiellen Gesetzen, vor allem physikalischen, ableitet. Eine andere Spielart des Reduktionismus wäre die Ableitung der Materie aus bestimmten geistigen Gesetzen, unter Ausklammerung physikalischer Abläufe. Jede Form des Reduktionismus führt unweigerlich in die Sackgasse! Warum eigentlich? Zunächst einmal sind alle physikalischen Gesetze vorläufige Ideen über die Natur, um die geistigen Prinzipien steht es ähnlich. Wir wissen ja gar nicht genau, was Materie und Geist eigentlich sind. Heute spricht sehr viel dafür, daß Materie auch geistig und Geist auch materiell ist und interessanterweise kommen solche Ideen heute vor allem aus den Reihen der Physiker.

Um Mißverständnisse zu verhindern: alles auf Gott zurückzuführen ist kein Reduktionismus in diesem Sinne, solange Gott Alles-was-ist bedeutet, was auch alle möglichen Denkformen und Möglichkeiten zu sein einschließt.

Sobald ich die Wirklichkeit aber mit ganz bestimmten Prinzipien, Axiomen und Gesetzen zu erklären versuche, die ohne Widerspruch zueinander stehen, beschwöre ich unweigerlich und notwendig bei der weiteren Anwendung dieser 'Gesetze' Widersprüche heraus. Der Mathematiker Gödel hat 1931 den Beweis dafür erbracht, und er ist genauso einsam unumstritten wie das ebenfalls mathematische hergeleitete Theorem von Bell. Der Physiker Charon schreibt über diesen sogenannten Unvollständigkeitssatz von Gödel: Er bewies, "daß die Ratio von einer logischen Verknüpfung zur nächsten untrennbar auf ihren 'Untergang' zusteuert, da sie früher oder später zu zwei miteinander absolut unvereinbaren, widersprüchlichen Theoremen gelangen muß, zum Beispiel, daß 'schwarz' und 'weiß' gleichzeitig "wahr" sind, weil beide streng logisch aus denselben Axiomen abgeleitet wurden, die alle als "wahr" betrachtet wurden und ursprünglich in keinerlei Widerspruch zueinander standen.

In einer ähnlichen Situation hatte man sich schon 1920 in der Physik befunden, als man entdeckte, daß ein und dasselbe

Materieteilchen Welle und Korpuskel zugleich ist, also gleichzeitig 'kontinuierlich' und 'diskontinuierlich', doch dachte man damals noch, daß den Mathematikern, die das Banner der Vernunft besonders hoch halten, etwas derartig 'Abenteuerliches' nie passieren könnte."[2]

Auf gut deutsch: Wer glaubt, die Wahrheit für sich 'gepachtet zu haben', wird früher oder später scheitern. Es gibt im Grunde immer nur zwei Möglichkeiten in dieser Frage. Entweder igelt man sich in einem System ein, bügelt aufkommende Widersprüche platt bzw. bekämpft diese, oder man gewöhnt sich an paradoxes Denken als Spiegel einer paradoxen Wirklichkeit. Paradox zu denken heißt, Dinge offen lassen, nebeneinander stehen lassen können, ohne zu einer Einheit zu kommen. Paradoxes Denken ist sehr eng verwandt mit dem Sinn für Humor. Leider sind sehr viele 'Wahrheitssucher' sehr humorlos, nicht nur die 'eingefleischten' Physiker, auch die eingefleischten Esoteriker. Letztere würden mir zurufen, ob ich denn die Realität Gottes oder einer Ganzheit leugne, da ich mich dafür einsetze, daß jede Geschichte wahr sei. Das tue ich ganz und gar nicht. Ich gehe statt dessen so weit zu sagen, daß man zwar diese Ganzheit leugnen kann, sie dennoch weiterhin besteht. Doch Begriffe wie Gott, Nichts, freier Wille liegen jenseits von bestimmten Denkmodellen, d.h. sie entziehen sich gerade einer eindeutigen Definition. Der Mystiker hält aus seinen Einheitserfahrungen die teilchenhafte Wirklichkeit der meisten Menschen für eine Illusion. Aber ihre Illusion ist eine Wirklichkeit, oder nicht? Daher ist sie auch keine Illusion!

Anderes Beispiel 'Freier Wille': viele Wissenschaftler arbeiten fieberhaft daran, das Verhalten von Menschen zu erklären. Da werden die Erbanlagen, die Umwelt, die Prägungen der Kindheit, äußere Reize, innere Triebe und vieles mehr angeführt. Daß wir von Karma, anderen Instanzen unserer Seele oder vielleicht höheren Fügungen getrieben würden, behaupten dagegen Esoteriker oder Menschen, die sich zu bestimmten Glaubensrichtungen hingezogen fühlen.

Das Mysterium des freien Willens läßt sich weder in der einen noch in der anderen Richtung erklären, etwa als Täuschung des Verstandes, es läßt sich gar nicht erklären. Und das ist gut so. Zwangseingemeindungen in den Garten Gottes lehnen die meisten Menschen zu Recht ab. Wenn heutzutage die Beziehungen zum Ganzen wieder stärker ins Bewußtsein der Menschen rücken, dann geht das nicht mehr auf Kosten des freien Willens. Ganz im Gegenteil. Die Menschheit wird lernen, ihre Wirklichkeit von innen nach außen selber zu gestalten, und das wird eine machtvolle, schöpferische und lustvolle Erfahrung sein, die mehr verändern wird als jede (dogmatische) Geschichte, für die Gruppen und Menschen oder sogar ganze Völker in den Kampf zogen.

Paradox zu denken ist eine Angelegenheit des Verstandes, eine mystische Einheitserfahrung jedoch nicht. Wenn ich sage, es gibt zwei Seiten, von denen sich die eine nicht auf die andere zurückführen läßt, so beginne ich, Paradoxien zuzulassen. Das gleiche gilt für die Aussage, daß es für die Dinge keine wirkliche Erklärung gibt. Mit diesem Eingeständnis beginne ich, auch andere Erfahrungen einfließen zu lassen, vielleicht auch solche, die über die Teilung getrennter Dinge hinausweisen. Nun kann ich diese Erfahrung machen oder daraus eine neue Theorie basteln. Daß die Dinge alle miteinander wie in einem Gewebe verflochten sind - das folgt aus der Physik dieses Jahrhunderts, der Relativitätstheorie genauso wie besonders aus der Quantenphysik. Das ist kaum umstritten. Heißt das nun aber, daß die uns in Raum und Zeit völlig beziehungslos erscheinenden Dinge auf einer anderen Ebene miteinander verbunden sind oder heißt das, daß es gar keine Objekte gibt, weil diese nur dann vor meinen Augen auftauchen, wenn ich mich als denkendes Subjekt sehe, also bereits eine erste Unterscheidung vornehme?

Ich glaube, daß auf der Ebene der Theorie - und diese Frage ist eine theoretische Frage, eine Frage an den Verstand - keine eindeutige Lösung möglich ist. Wenn ich gelernt habe, mit

Widersprüchen zu leben, so kann ich sagen: beides ist richtig, es gibt getrennte Dinge und es gibt keine.

Dazu zwei Beispiele aus dem Alltag, die - wie ich hoffe - zeigen, daß es hier nicht um weltferne Gehirnakrobatik geht.

1) Mir passiert etwas sehr Unangenehmes, sagen wir, ein Unfall mit dem Fahrrad, bei dem ich leicht verletzt werde. "Gut, noch einmal Glück gehabt, hätte auch schlimmer ausgehen können", sage ich mir. Da ich aber inzwischen fest davon überzeugt bin, daß es keine Zufälle gibt, sondern alles von mir selbst in Szene gesetzt wird, frage ich mich, wie es denn dazu kommen konnte. Ich wollte doch den Unfall nicht. Vielleicht habe ich übertriebene Angst vor Unfällen? Das wäre eine mögliche Erklärung für das Geschehen. Trifft diese Erklärung nicht zu, so kann es sein, daß ich mir daraus einen anderen Reim mache, und zwar einen, der darauf beruht, daß ich doch nicht das Steuer meines Lebens in der Hand halte. "Das ist mein Karma". "Das ist mein Schicksal." "Gott wollte mir ein Zeichen setzen!" "Mein höheres Selbst wollte mir zeigen, daß an meinem bisherigen Weg etwas falsch ist." "In meinem Unbewußten sind Gefühle und Ideen versteckt, die mir diesen bösen Streich gespielt haben."

Ich will nicht in Abrede Rede stellen, daß solche Glaubenssätze ihre Berechtigung haben, da sie mich auf andere Fährten führen, die mir helfen, das Drumherum meines Unfalls zu verstehen. Wenn ich sie jedoch zu ernst nehme, verstärke ich die Spaltung zwischen mir und korrigierenden ganzheitlichen Einflüssen, die dann nicht mehr zu mir gehören. Anders gesagt: ich und Gott, Ich und Karma, Ich und Unbewußtes - das sind Spaltungen, die mir nur meine Machtlosigkeit vorführen. Denn ich bin zur gleichen Zeit ich und alles, Individualität und Ganzheit.

2) Ich sehe, wie zwei Menschen lautstark miteinander streiten. Ich sage zu mir: sie werden ihren Grund haben, sich in dieser Auseinandersetzung zu verwickeln, ich sehe keinen Anlaß, mich da auch noch hineinziehen zu lassen, also halte ich mich

lieber raus. Plötzlich zieht einer der beiden ein Messer. Was nun? Soll ich dazwischen gehen, um eventuell Mord und Totschlag zu verhindern? Ich glaube, daß eine solche Frage nicht eindeutig und ein für allemal zu beantworten ist. Es gibt gute Gründe für und gegen ein Eingreifen. Wenn ich mich einmische, leiten mich wahrscheinlich sogenannte moralische Motive, z.B. dem vermeintlich Schwächeren beizustehen, der Wunsch, Konflikte gewaltfrei zu lösen oder ähnliches. Dahinter kann die Anmaßung stehen zu wissen, was für beide das Beste sei. Es ist aber auch möglich, daß ich nicht als Feigling dastehen will. Oder ich sehe in der Auseinandersetzung eine Chance, eigenen Frust in einer tätlichen Auseinandersetzung auszuleben. Mische ich mich nicht ein, ist es natürlich möglich, daß Angst vor der eigenen Bedrohung eine Rolle spielt. Ich kann mich aber auch von dem ursprünglichen Gedanken leiten lassen, daß mich der Streit nichts angeht, diese Streithähne sich gesucht und gefunden haben, sie sich gegenseitig diese Wirklichkeit geschaffen haben, aus der sie sich, wenn sie überhaupt wollen, nur selbständig lösen können.

Wäre es also doch 'wichtiger', sich nicht in den Streit verwickeln zu lassen?

Zunächst spricht vieles für diese Meinung. Dieser Streit hat seinen Sinn in einem Gewebe von Resonanzen, unabhängig von jeglicher moralischen Beurteilung der Situation, die natürlich das helfende Eingreifen fordern wollte. Eine kleine Geschichte aus Persien zeigt beispielhaft, wie fatal sich der Wunsch zu helfen auswirken kann:

"Es war einmal ein kleiner Junge aus Persien, der einem Schmetterling bei der Entpuppung zuschaute, wie dieser sich anscheinend quälend aus seinem Kokon befreien wollte. Also sagte er sich: 'Ich werde diesem armen Ding helfen, sich von seiner Vergangenheit zu befreien, damit er sich leuchtend und fröhlich in die Lüfte schwingen kann.' Und so nahm er übervorsichtig und in bester Absicht seine Finger zur Hilfe und entledigte den Schmetterling von seinem Raupenkostüm. Dieser flatterte fortan mit seinen Flügeln, um sie zu trocknen; was ein jeder seit Generationen vor ihm tat. Er flog aber nicht davon, sondern sank erschöpft zu Boden... Eine kleine Ewigkeit passierte jedoch weiter nichts als das vergeblich Flattern. Dies wiederum bemerkte ein frecher kleiner Vogel, nahm den erst kürzlich geschlüpften ins Visier und schnappte zu... Was wäre passiert, wenn der Junge nichts getan hätte? Die angeblich quälenden Versuche des Schmetterlings, sich aus dem Kokon zu befreien, dienten der Blutzufuhr in den Äderchen und den Flügelchen und somit zur Stärkung des Gesamtorganismus. Zwei Minuten später hätte sich der Befreiungsvorgang beschleunigt und der Schmetterling wäre mühelos davon geflogen."

Diese Geschichte mahnt zu Recht zu akzeptieren was ist, da alles seinen Sinn hat und wir immer nur Ausschnitte des Ganzen wahrnehmen und unserer Bewertung unterziehen. Die ganze Wahrheit kann das aber wohl nicht sein! Sonst wären wir zur völligen Untätigkeit verdammt und müßten sogar das Atmen einstellen. Mit jedem Schritt, den wir tun, greifen wir auch in unsere Umwelt ein, ja sogar mit dem, was wir denken.

In der zitierten Geschichte ist von einer vorgegebenen Ordnung der Natur die Rede, die wir nicht völlig verstehen und deshalb oft zu leicht als ungerecht und grausam abtun. Da ist bestimmt mehr als nur etwas dran. Das Gewebe der Ganzheit ist aber mehr als eine statische Ordnung von Naturgesetzen! Wir sind selbst zu jedem Zeitpunkt Teil dieser Ganzheit, und sie scheint nur außerhalb von uns zu sein, gleichsam objektiv und beobachtbar. Es kann also keine allgemein gültige Verhaltensmaßregel geben, die uns entweder zum bloßen Beobachten oder zum Eingreifen verpflichtet.

Ziehe ich das in Betracht, so kann ich die Aktion des Jungen in der persischen Geschichte wieder als sinnvoll ansehen: der Junge hat dazu beigetragen, daß ein Vogel satt wurde und der Schmetterling jetzt vielleicht in anderen Dimensionen seine Flügel ausbreitet.

Wohin sind wir jetzt gekommen? Wir können jede Version der Geschichte akzeptieren (also Akzeptanz an erster Stelle) und gleichzeitig einen eigenen Standpunkte einnehmen, so oder so handeln und uns damit von anderen Handlungsweisen abgrenzen. Klingt das nicht wieder merkwürdig paradox?

Die folgenden drei Kapitel handeln von Kernmythen unserer Kultur, die ihre Macht daraus beziehen, daß sie für selbstverständlich gehalten werden. Sie sollen in einem 'ersten Anlauf'etwas näher auf ihre Unabänderlichkeit untersucht werden, bevor ich mich in den darauf folgenden Kapiteln etwas genauer mit den Modellen beschäftige, die ihnen zugrunde liegen.

Mythos des Alterns

Eines der wichtigsten Gebiete, auf denen die scheinbare Macht der 'Tatsachen' über die Wunderwelt von Märchen oder den 'Kinderglauben' an die magische Wirkung von Wünschen triumphiert, ist der sogenannte Alterungsprozeß. Deshalb muß diesem Thema, einem Lieblingsthema unserer Kultur, ein eigenes Kapitel gewidmet werden, denn sonst wird man mir am Ende zu Recht vorbehalten: "Ja, man kann sich alles wünschen, aber älter werden und sterben müssen wir doch alle, also ist unsere Macht doch nicht so groß!"

In der Tat wird, im besten Fall, meist von der Verlangsamung des Alterungsprozesses, aber kaum von seiner Umkehrung geredet. Erst in allerletzter Zeit scheint sich hier eine gewisse Trendwende anzudeuten. Aber bis zu einem wirklichen

Umdenken in einer Frage, die so tief in unserem Denken eingraviert ist, wird sicherlich noch ein wenig Zeit vergehen. Tatsächlich scheinen immer noch die zwei wichtigsten Informationen, die man von einem anderen Menschen bekommen kann, sein Name und direkt danach sein Alter zu sein.

Linda Goodman karikierte die hypnotische Fixierung der Menschen auf Jahreszahlen treffend am Beispiel eines Presseberichts, und ich glaube, daß das Beispiel bestimmt nicht nur für Amerika zutrifft:

"Die Schauspielerin Jane Marshall (32) und ihr Ehemann, der Börsenmakler Peter Thomas (31); wurden gestern bei einem Lunch im Weißen Haus mit dem Präsidenten (77) und der First Lady (69) gesehen. Sie wurden von ihren Kindern Toby (17), Helen (12) und den bezaubernden Zwillingen (16 sowie 16 und 5 Minuten) begleitet." Goodman kommentiert den Text: "Versuchen die Verfasser solche Texte damit etwa, ihren Lesern Hilfestellung zu geben, damit Sie sich die Menschen, um die es geht, besser vorstellen können? Glauben Sie etwa wirklich, diese Zahlen seien dabei hilfreich? Wäre es nicht viel aufschlußreicher, wenn sie schrieben: ' Die Schauspielerin Jane Marshall (1,57 m,118 Pfund) und ihr Ehemann, der Börsenmakler Peter Thomas (blaue Augen, schwarzes Haar), wurden gestern bei einem Lunch im Weißen Haus mit Präsident Ronald Reagan (irischer Abstammung, dunkelbraunes Haar- Journalisten haben schon mehrmals vergeblich versucht festzustellen, ob es gefärbt ist, und zu diesem Zweck ein paar Proben vom Boden des Friseursalons geklaut, indem er seine Haare schneiden läßt [das ist doch z.B. wirklich eine interessante und informative Nachricht, die zufällig auch noch stimmt])-, und seiner Frau Nancy (einem blauäugigen Krebs) gesehen. Jane Marshall und Peter Thomas hatten ihre Kinder dabei: Steinbock Toby, Jurastudent, und Helen, Schwesternschülerin, und ihre bezaubernden Zwillinge-

Zwillinge (1,60 m und 1,60 m, ein Zwilling braunäugig, der andere grünäugig)."[3]

Trotz der allgemein anerkannte Tatsache, daß das sogenannte biologische Alter, der wirkliche Gesundheitszustand eines Menschen, weit nach oben und unten vom chronologischen Alter abweichen kann, stecken sich die Menschen nach wie vor in Schubladen, wenn sie das Geburtsjahr einer Person in Erfahrung bringen.

Du magst z.B. zehn oder 15 Jahre jünger erscheinen als andere Menschen mit derselben Anzahl von Lebensjahren, bist körperlich fit und hast einen ansteckenden, spritzigen Humor. Daher bist du ein gern gesehener Gast z.B. auf Studentenfeten. Mit einem Schlag wird sich alles ändern, wenn sich herumspricht, wie alt du 'wirklich' bist. Du bist derselbe geblieben, aber nicht mehr in den Augen der anderen, da sie jetzt ständig eine Zahl in ihrem Kopf haben.

Du möchtest weiter tun, was dir Spaß macht, deiner Spontaneität freien Lauf lassen oder einfach nur ein wenig herumblödeln.Aber das, was noch kurz vorher alle zu Lachsalven herausforderte, sollst du nun plötzlich nicht mehr tun dürfen. "Verhalte dich gefälligst deinem Alter gemäß!" wirst du gemaßregelt, damit du nicht dem neuen Bild widersprichst, das die anderen von dir im Kopf haben.

Im Grunde gelingt es ja wenigen Menschen, völlig neutral über ihr Alter zu sprechen, jedenfalls ab einem bestimmten Alter. Aber wehe, du weigerst dich, die Frage nach deinem Alter wahrheitsgemäß zu beantworten.

"Du hast doch nicht etwa Probleme mit deinem Alter?!" heißt es dann. Oder: "Stehe doch zu deinem Alter!" Eine Zurückweisung des Offenbarungseides in punkto 'Zahlenangabe' stößt zumeist auf ein gequältes Unverständnis. Dabei hätte es eine äußerst befreiende und auch auf den Körper sehr positive Wirkung, wenn wir alle unser Geburtsdatum vergessen würden. Dr. Walker, Gesundheits- und Ernährungsfachmann, der 117 Jahre alt wurde und viele Bücher veröffentlichte, sein letztes im Alter von 112, schrieb zu diesem Thema:

"Erzählen Sie niemals jemandem, wie alt sie sind! Sobald die Leute wissen, wie viele Jahre unter der Brücke ihres Lebens hindurchgeflossen sind, seit sie zum erstenmal ihren Fuß darauf setzten, sind sie abgestempelt-und dabei bleibt es dann! Die Zahl der Jahre, die sie in diesem materiellen Körper verbracht oder vergeudet haben, hat nichts mit ihren Zustand zu tun. Wie sie leben und was sie vollbringen, ohne jemals daran zu denken, wie alt sie sind-das macht es Ihnen möglich, nach 80,100 oder mehr Jahren immer noch wie alterslos zu sein. Ich kann sagen, daß ich mir meines Alters nie bewußt bin. Seitdem ich erwachsen bin, hatte ich niemals das Gefühl, älter geworden zu sein, und ich kann ohne Vorbehalte sagen, daß ich mich heute lebendiger, wacher, aufmerksamer und begeisterter fühlen als mit 30. Ich denke nie an Geburtstage, und ich feiere sie auch nicht. Heute kann ich sagen, daß ich meine strahlende Gesundheit genieße... Auf ein klassisches, eindrucksvolles Beispiel, warum Sie ihr chronologisches Alter nicht angeben sollten, stieß ich, als ich auf einem Tonband der Stimme eines Freundes lauschte, der kürzlich eine Brille bekommen hat. Mitten in der Aufzeichnung sagte er: 'Ich kann mich einfach nicht an diese Bifokalgläser gewöhnen. Ich ließ mir eine neue Brille anpassen, und der Augenoptiker sagte mir: da ich 40 sei, sollte ich Bifokalgläser nehmen. Ich glaubte nicht, daß ich sie brauchte, aber er bestand darauf, weil ich 40 Jahre alt war.'
 Wie lächerlich! Das ist einer der Gründe warum ich vermeide, mein chronologisches Alter zu nennen. Überall, wo sie heute hingehen, sei es um Arbeit zu suchen, sei es zum Zahnarzt, zum Augenoptiker oder Arzt, ist es das gleiche: man fragt Sie, wie alt sie sind, und dann ordnet man sie sofort in eine Schublade ein, wo sie bis zum Ende ihrer Tage bleiben."[4]
Wenn ich behaupte, daß die Jugend kaum etwas mit der Zahl der Lebensjahre zu tun hat, dann meine ich damit viel mehr, als der Satz aussagt: "Man ist so jung, wie man sich fühlt!" Ich

möchte dem Automatismus fortgesetzten körperlichen Verfalls widersprechen. Wenn sich Menschen lobend über das Äußere eines älteren Menschen unterhalten, dann sagen sie: "Er oder sie hat sich aber gut gehalten!" Unsere Kultur hat wirklich mächtige Bilder über das Älterwerden geschaffen, denen sich kaum jemand entziehen kann und die sehr wahrscheinlich zu sich selbst erfüllenden Prophezeiungen werden. Wenn sich jemand 'gut gehalten hat', dann gleicht er jemandem, der sich auf einer Rutsche befindet und an den Seiten dieser Rutsche hilflos nach Halt sucht, aber bei allem Kraftaufwand seine Abwärtsbewegung lediglich verzögern, nicht aber aufhalten kann. Aber der lebendige Organismus ist keine Kugel auf einer schiefen Ebene, er ist keine Maschine, die immer weiter verschleißt, bis sie kaputt ist, sondern ein intelligentes Wesen mit enormer Fähigkeit zur Regeneration.

Geht man z.B. in der Hauptverkehrszeit durch einen stark befahrenen 1 km langen Autotunnel - dieses Experiment wurde tatsächlich mit kalifornischen Studenten durchgeführt - kommt man am Ende, biochemisch gesehen, um 13 Monate älter wieder heraus. Während der 6 min 'Tunnelwanderung' gelangen bei jedem Atemholen ca. 600 Millionen Freie Radikale in den Körper. Ein gut funktionierender Stoffwechsel ist jedoch in der Lage, diese geschädigten Körperzellen zu reparieren und den zeitweiligen 'Alterungsprozeß' wieder rückgängig zu machen.

Freie Radikale - sie gehören nach der Ansicht vieler Wissenschaftler zu den Hauptverursachern von Krankheiten und Älterwerden. Freie Radikale sind Moleküle aus Schad- und Giftstoffen, die jeder mit Nahrung und mit der Atemluft in sich aufnimmt. Sie sind ungesättigt und streben danach, 'vollständig' zu werden und sich fehlende Elektronen zu holen, indem sie gesunde Zellen angreifen. Diese Zellen müssen sich wiederum bei Nachbarszellen das fehlende Elektron holen, so daß eine gefährliche Kettenreaktion entsteht, durch die der ganze Organismus in Mitleidenschaft gezogen werden kann,

Organfunktionen, Blut, Knochen, Haut, Haare..., denn bekanntlich besteht unser ganzer Körper aus etwa 70 Billionen Zellen. Aus diesen Gründen stehen Nahrungsmittel, die sogenannte Radikalenfänger enthalten - die bekanntesten sind die Vitamine A, C, E, und das Spurenelement Selen - so hoch im Kurs, da sie die Gesundheit der Zellen schützen.

In der Tat scheint der Zellschutz sehr wichtig zu sein, haben doch Forschungen gezeigt, daß eine Zelle, die sich in einem gesunden Milieu befindet, unsterblich ist (Dr. Carrell bekam für diesen Nachweis den Nobelpreis). Dennoch blieben bei der Radikalen- Theorie viele Fragen offen, z.B. die, warum ein junger Mensch meist besser mit den schädlichen Eindringlingen fertig wird. Offensichtlich reicht es nicht, die Radikalenfänger zu sich zu nehmen, sie müssen noch an die richtige Stelle im Körper transportiert werden, um ihre Aufgabe erfüllen zu können. Tickt also doch eine biologische Uhr in uns, die die Fähigkeit zur Selbstregeneration mit der Zahl der Jahre vermindert?

Solche Vermutungen äußern einige Genforscher, wenn sie behaupten, daß der Abbauprozeß des Körpers in unseren Genen festgeschrieben ist. Daher begann vielerorts die fieberhafte Suche nach einem sogenannten Altersgen. Neuere Forschungen haben aber gezeigt, daß ein vorhandenes genetisches Potential nicht unbedingt aktiviert werden muß, der sogenannte Genotyp enthält mehr Möglichkeiten als das wirkliche Erscheinungsbild, der Phänotyp suggeriert. Sollte also tatsächlich ein Altersgen existieren, so wäre immer noch die Frage, ob es auch aktiv wird. Und damit landen wir erneut bei dem Thema kultureller und individueller Programmierung. Bisher scheint es schwer zu beweisen zu sein, aber es ist wohl mehr als wahrscheinlich, daß zwischen der genetischen Programmierung und der geistigen Programmierung eine Wechselwirkung besteht. Ebenso ist zu vermuten, daß auch neu erworbene Talente genetisch codiert werden (so die Auffassung von Lamarcke).

Konkret: Sind meine Eltern oder Großeltern an Darmkrebs gestorben, so erleide ich nur dann das gleiche Schicksal, wenn ich die seelischen Probleme mit mir herumschleppe, die bei meinen Vorfahren zum Ausbruch der Krankheit geführt haben. Die genetische Programmierung wird also nicht aktiviert, es sei denn es kommt zu einer Resonanz zwischen der genetisch codierten und der mentalen Information.

Wenn aber in der DNS gespeicherte Information bei Bedarf abgerufen werden kann oder auch nicht, warum soll dann nicht auch die Möglichkeit einer neuen Programmierung bestehen? Wenn es überhaupt richtig ist - und das scheint der Fall zu sein - in der Abfolge von Nukleotiden in der DNS die Codierung von Informationen zu sehen, so ist nicht einzusehen, warum Information nicht auf bereits gespeicherte Information wirken soll. Information ist genauso immateriell wie der Gedanke, so daß sich im Prinzip nur Gleich und Gleich über Resonanzbrücken zueinander gesellt.

Informationen sind z.B. auf CDs oder Disketten für Computer gespeichert, und zwar in einer für Laien nicht verständlichen Programmiersprache. Diese Sprache transportiert Informationen, aber <u>ist</u> nicht diese Information. Auch die Sprache oder die Abfolge von Buchstaben und Wörtern, die ich jetzt benutze, um anderen etwas mitzuteilen, vermittelt Information. Es wäre aber ein aussichtsloses Unterfangen, Gedanken direkt in der Aneinanderreihung von Buchstaben zu suchen.

Nun kann ich einen Computer mit einem Programm füttern, das mir sagen wir die Möglichkeit bietet, Routen zu planen, damit ich schnell und mit geringem Aufwand von Ort A zu Ort B gelange. Damit wird der Computer aber nicht zu einem 'Routenplancomputer'! Ich kann ihn immer wieder mit einem neuen Programm füttern. Ebenso erscheint es unsinnig zu sein, dem DNS-Programm den Rang eines unabänderlichen Gesetzes zuzumessen. Glaube ich jedoch daran, mache ich mich zum Sklaven einer gegebenen Programmierung, statt der Tänzer zu sein, der mit der Maßgabe der genetischen Möglichkeiten spielerisch umgeht.

"Aber Tiere, Pflanzen entstehen und vergehen auch, warum soll uns Menschen als Teil der Natur dieses Schicksal erspart bleiben?" Auf das Vorbild der Natur wird interessanterweise oft dann verwiesen, wenn uns unsere Ohnmacht vor Augen geführt werden soll. Dabei merken wir gar nicht, wie wir die Natur nach unseren beschränkten Bildern zurechtstutzen. Lange Zeit wurde uns der gnadenlose Kampf ums Dasein, in dem nur der Stärkere überlebt, als Naturgesetz verkauft. Alle Daten, die Zusammenarbeit zwischen den Tieren innerhalb und zwischen den Arten zeigten, wurden ignoriert. Z.B. meldete die Presse kürzlich, wie ein Schäferhund einen Dackel aus einem Müllcontainer befreite, indem er durch Bellen auf die mißliche Lage seines Artgenossen aufmerksam machte. Ähnliche Beispiele gibt es in Hülle und Fülle, sie würden ganze Bücher füllen.

Auf jeden Fall ist die Natur viel lebendiger und viel farbiger als wir ihr unterstellen. Es gibt Eintagsfliegen, aber auch Bäume, die Hunderte (Tausende) von Jahren leben. Sicherlich existieren Tiere und Pflanzen, die mit Energiekonzepten arbeiten, die uns heute noch wie zu Zukunftsmusik erscheinen (Nutzen der Freien Energie und nicht nur der stofflichen Energie). Genforscher haben festgestellt, daß Tiere in freier Wildbahn so gut wie gar nicht altern. So läßt sich das Fell eines alten Raubtieres kaum von dem eines jungen unterscheiden. Tiere wissen oft besser, was ihnen guttut, und sie handeln, soweit wir ihnen diese Gelegenheit noch gelassen haben, im Einklang mit diesem Wissen. Der Mensch folgt diesen Instinkten sehr oft nicht mehr, hat demgegenüber aber die Freiheit und Möglichkeit, seine gedanklichen Energien zu bündeln, um Dinge zu erschaffen. Dazu gehört auch die Veränderbarkeit der eigenen genetischen Struktur. Es wird sich wahrscheinlich erweisen, daß Altern kein natürlicher Vorgang ist und es für uns selbst nicht förderlich ist, unsere Phantasielosigkeit und Eingefahrenheit der Natur anzulasten.

Inzwischen wird der Mythos des Alterns - nicht der des Reifens, was durchaus nützlich wäre - in unseren Medien eifrig genährt.

Der Jugendkult treibt seltsame Blüten und versetzt alle Menschen über 25 in Angst und Panik angesichts ihres 'nahen Todes'. Kaum eine Werbesendung im Radio oder Fernsehen, die nicht suggeriert: "Wir sind jung und gut drauf!" Wer sich davon anstecken läßt - und es ist gar nicht so einfach, sich den massenhaft verbreiteten Suggestionen zu entziehen - der kann ab 30 schon mit vorgezogenen Wechseljahren und Altersdepressionen rechnen. Scherz beiseite, aber es erscheint mehr als wahrscheinlich, daß der vorherrschende Jugendwahn und der damit einhergehende Anpassungsdruck den Prozeß des Alterns für viele Menschen beschleunigt, soweit sie nicht in der Lage sind, ihren eigenen unabhängigen Weg zu gehen.

Mythos 'Schuld'

Eben hat man etwas getan oder gesagt, impulsiv, aus einer Laune heraus oder weil man seinen Gefühlen einmal freien Lauf gelassen hat - und nun bereut man es schon wieder: "Wie konnte ich bloß? Hätte ich doch...!" Fast jeder kennt das: Gefühle, die eigentlich keine sind, Schuldgefühle, weil man so oder so ist, weil man dieses oder jenes getan hat. Es gibt keine wirkungsvollere und verbreitetere Methode, sich selbst runterzumachen. Denn mit Schuldgefühlen zementiere ich meine eigene Wertlosigkeit und angebliche Unvollkommenheit. Selbst wenn es vordergründig bei Schuldgefühlen lediglich um den Verstoß gegen den Moralkodex einer Gesellschaft geht, der ja nicht ewig besteht, auch wenn er von einem solchen

Anspruch nach Zeitlosigkeit begleitet wird, so sind hintergründig fast immer religiöse oder quasi - religiöse Anschauungen im Spiel. Der biblische Sündenfall ist das Urbild einer Schuld erzeugenden Handlung, die natürlich den freien Willen voraussetzt. Da das Tier angeblich nur seiner eigenen Natur folgt, wird sich keiner moralisch über einen Löwen entrüsten, der eine Beute macht und ein anderes Tier tötet. Der Mensch dagegen geht streng mit sich ins Gericht. Und je mehr er das tut, desto weiter entfernt er sich von sich selbst, desto kleiner, unvollkommener und schuldiger fühlt er sich, bis er vielleicht meint, allein seine Existenz mache ihn schon schuldig. Die christliche Kirche hat genau das auf die Spitze getrieben, als sie verkündete: "Du bist schuldig, weil du bist!" Anstatt: "Du bist gesegnet, weil du bist!"

Fast alle Religionen verbinden zugleich mit dem allmächtigen und vollkommenen Gott auch den fehlbaren Menschen, der ständig in der Gefahr lebe, 'Mist zu machen'. Vollkommenheit sei immer gleich weit weg, nämlich bei einem fernen Gott, und alles, was in dieser Welt existiere, sei unvollkommen.

Vor allem die christliche Kirche hat hier 'ganze Arbeit geleistet': Nach Abzug der Glaubensfähigkeit und der urchristlichen Weisheiten lebt sie hauptsächlich von negativen Dogmen, den Dogmen von der Kleinheit, Machtlosigkeit und vor allem Sündhaftigkeit des Menschen. Letztlich gestattet ihm erst die Trennung vom Fleisch, zu einem Ebenbild Gottes zu werden. Die meisten Menschen schleppen diesen Ballast an Ideen mit sich herum, ob sie nun religiös, kirchlich, esoterisch, atheistisch oder sonstwie eingestellt sind. Gut möglich, daß uns solche Muster 'in den Knochen hängen', sie sogar genetisch verankert sind. Unsere westliche Kultur verstärkt diese Ideen natürlich ständig und erreicht so eine Selbstversklavung der Menschen, die weitaus effektiver sein kann als jegliche äußere Versklavung.

Das Schuldprinzip oder der Mythos 'Schuld' kommt scheinbar ohne Gewalt und unter dem Deckmantel der Gerechtigkeit daher.

Nun kennt jeder das Gefühl, aus der Balance zu geraten, indem man z.B. einen anderen Menschen oder ein Tier respektlos behandelt, worin sich letztlich nur die mangelnde Selbstachtung ausdrückt. Daraus ließe sich lernen, wie man sich selbst mit mehr Fürsorge behandelt. Schuldgefühle machen genau das unmöglich. Denn: Mit deiner 'negativen', 'bösen', 'respektlosen', 'anti- christlichen' Handlung bist du urplötzlich nicht mehr derselbe, der du vorher warst. Der Fluß, das Spiel zwischen Polen wird unterbrochen, und zwar durch Zementierung des Negativpols: mit aller Kraft wird in deine Seele das Eingeständnis eingraviert: "ich habe Schuld auf mich geladen!" Die Stigmatisierung deiner Seele kann solche Ausmaße annehmen, daß Entschuldigungen, ja schwere Strafen dich nicht wieder reinwaschen können, so daß dir am Ende vielleicht nur bleibt, das ganze zu vergraben, zu verdrängen oder, bei besonders 'schwerwiegenden' Taten, Hand an dich zu legen.

Das Prinzip der Schuld ist so allgegenwärtig, daß es kaum eine Auseinandersetzung zwischen Menschen gibt, bei der nicht die 'Schuldfrage' aufs Tapet kommt. Da jeder im Grunde 'gut' sein will, trifft eine Attacke mit Schuldvorwürfen den Menschen weitaus stärker und tiefgehender als jeder Streitpunkt, um den es eben noch ging. Wut, Aggression, Abwehr, nochmalige Verdrängung lagern sich wie Zwiebelschalen um den 'Schuldkern'. Oder auch künstliches 'Gutseinwollen' als Wiedergutmachungshandlung.

Aber wer sich selbst bekämpft, erringt immer nur Pyrrhussiege. Dem entgegnen viele Menschen, der Mensch sei nur durch Schuld und Strafe zu bändigen. Schuld und Strafe drängen aber nur weg und fixieren das Alte, sie verwandeln nichts. Wandlung setzt voraus, sich ohne Scham anzusehen. In einer Kultur, die auf Ehrlichkeit und nicht auf Verdrängung und Schuldgefühle setzt, wäre dies für eine größere Zahl von

Menschen leichter möglich. Keine Angst: der Mensch geht nicht aus dem Ruder, wird auch nicht größenwahnsinnig, wenn er nicht mehr in Sack und Asche geht. Ganz im Gegenteil! Allerdings setzt eine solche Kultur ein neues Selbstverständnis des Menschen, eingeschlossen der Erkenntnis seiner wirklichen Größe, voraus.

Den freien Willen zu verurteilen ist, ein grober Fehlschluß. Der freie Wille ist kein teuflisches Mittel, das den Menschen dazu verleitet, eine vorgegebene Ordnung zu übertreten. Der freie Wille ist ein Teil der Ordnung, und außerhalb der Ganzheit zu sein, ist für den Menschen einfach unmöglich. Er kann nur denken, daß er es ist mit allen Folgen für die Wirklichkeit, die er sich so schafft, es aber nicht sein. Das bedeutet auch, daß jede Handlung, jedes Lebewesen, ja alles was ist, zu dieser Ganzheit gehört und deshalb nicht falsch sein kann.

Viele Erwachsene neigen dazu, sich über ihre vergangenen Handlungen sehr viel Gedanken zu machen. Da hat sich ein Mann von seiner Frau getrennt und fühlt sich nun unwert und schuldig, weil er seine Familie im Stich gelassen hat. Er denkt über die Hintergründe der Trennung nach und sucht nach Gründen, die dazu geführt haben könnten. Denn irgendjemand muß doch 'Schuld' daran haben, wenn nicht er, so vielleicht seine Partnerin. Bei Scheidungsverfahren wurde zwar in den siebziger Jahren die Feststellung der Schuld abgeschafft, kein Gericht der Welt wird aber verhindern können, daß sich Scheidungspartner nach wie vor schuldig fühlen, vor allem hinsichtlich der Zukunft ihrer Kinder. Ja: die Schuld wiegt noch höher angesichts der vermeintlichen Unschuld der Kinder. Bekanntlich ist ja der moralische Aufschrei besonders laut in unserer Kultur, wenn Kinder im Spiel sind. Letztlich halten die Kinder aber nur als Spiegelbild der versteckten Schuldgefühle der Erwachsenen her.

Lassen wir mal das kirchliche Dogma menschlicher Erbsünde außer acht oder das weltliche Dogma einer kollektiven Schuld von ganzen Völkern, so ist das Leben in der Sicht vieler

Menschen - dies mehr oder weniger bewußt - ein 'Schuldanhäufungsvorgang', der in anderer religiöser Verbrämung zur Produktion eines schlechten Karmas führe. Dies könne man dann in anderen Leben abtragen, wie einen Berg voller Mist. Man wird aber nie damit fertig, denn es häuft sich immer wieder neuer Mist auf. Sysiphus läßt grüßen. Wer diesen Konzepten von Schuld folgt, lebt eigentlich ständig in der Vergangenheit, die wie ein Betonblock über der Gegenwart schwebt, eine Last, die dich fast erdrückt. Schuldgefühle setzen also zweierlei voraus: den freien Willen und den Drang, die Vergangenheit zu bewerten. Da den meisten Menschen die Vergangenheit als unveränderbar erscheint - übrigens ein Dogma, das mit der Illusion der Zeit verknüpft ist und zunehmend auch von vielen Naturwissenschaftlern in Frage gestellt wird - sie sich aber dennoch alternative Handlungen in der Rückschau vorstellen, bleibt ihnen oft nur noch der klagende Satz: "Könnte ich es doch ungeschehen machen! Hätte ich doch bloß nicht dies, sondern jenes getan!" Damit bleibt man jedoch nur in den alten Mustern hängen, für die man sich am liebsten selbst bestrafen möchte, und erlebt niemals die Gegenwart mit ihren neuen Möglichkeiten. Ist es nicht weitaus günstiger zu akzeptieren, daß alles, was ich oder andere getan haben, notwendig war, weil nichts geschah, ohne daß ich oder andere sich dafür entschieden haben? Das ist kein Defaitismus, kein Glaube an ein fremd bestimmtes Schicksal, aber auch keine Gefühllosigkeit gegenüber Menschen, die sich in schweren Lebensumständen befinden oder aus diesem Leben scheiden. Sich oder anderen Schuld vorzuhalten, die Moral zu bemühen, verhilft nicht zur Lösung von der Vergangenheit und taugt auch nicht bei der Entfaltung neuer Wirklichkeiten. Ganz im Gegenteil: Moralisch begründete Schuldzuweisungen verstärken genau die Wirklichkeit, die das moralische Gebot gerne außer Kraft setzen möchte.

Da wird ein Kind in einen Autounfall verwickelt und tödlich verletzt oder das 'Opfer' eines Gewaltverbrechens. Die

Emotionen kochen hoch und werden systematisch von den Medien angeheizt. Wer ist der Schuldige? Faßt ihn, hängt ihn auf! Der tragische Vorgang erscheint vielen als doppelt sinnlos. Sie denken: Jetzt stirbt ein junger Mensch, der ja noch sein ganzes Leben vor sich hatte! Wie kann so etwas sinnvoll sein?

Solche Ereignisse können in einem völlig anderen Licht erscheinen, vorausgesetzt man kann sich von zwei Glaubenssätzen unserer Kultur verabschieden und sie durch diese neuen ersetzen:

1) Der Tod ist nicht das Ende der Existenz, sondern nur Durchgangsstation zu einer anderen Form des Daseins.

2) Jeder, ob groß oder klein, schafft sich seine Wirklichkeit, und wenn zwei oder mehrere Personen an einem Ereignis beteiligt sind, dann haben sie das beide gewollt. Ein Kind ist eine machtvolle Seele; nur in kleiner Gestalt.

Ich weiß, daß ich mit diesen Sätzen empfindliche Stellen treffe, aber moralische Verworrenheiten weiter zu spinnen bedeutet sich ewig im Kreis zu drehen beim Jammern über das Böse in dieser Welt.

Dagegen würde sich vieles verändern, wenn wir damit aufhörten, uns selbst oder andere zu beschuldigen. Sobald wir uns selbst keine Schuldvorwürfe mehr machen und uns selbst lieben, beschuldigen wir auch den anderen nicht mehr. Damit ist nicht die lebensnotwendige Abgrenzung gegenüber anderen gemeint, die vielfach als Schuldzuweisung mißverstanden wird.

Der Mythos 'Schuld' ist von Menschen in die Welt gesetzt worden und deshalb auch nur durch Menschen auflösbar. Er ist eine Gedankenkonstruktion mit Ausstrahlung auf unsere Gefühlswelt. Da es so etwas wie eine kosmische Bestrafung nicht gibt, setzt die Erlösung von der Schuld nur voraus, sich selbst zu akzeptieren. Nicht irgendein ferner Gott oder ein Beichtvater kann uns von Schuld befreien, solange wir selbst an diesen eigenen Mythos glauben.

Natur'gesetze' als Grenze für Wünsche ?

Was denken die Menschen heute übers Wünschen und die Macht Ihres Wünschens ?
Ich persönlich kenne keinen Menschen, der nicht irgendwelche Wünsche hat, nach der idealen Beziehung, einem neuen Auto, einem langen Leben, starker Gesundheit und und...
Aber ich kenne auch kaum einen, der daran glaubt, daß er mit seinen Wünschen allein schon einen Schritt zu deren Verwirklichung tut. Der Leichtigkeit der Träume von erfüllten Hoffnungen setzt unsere Kultur die Last einer Wirklichkeit entgegen, in der angeblich nur harte Arbeit und unermüdliche Anstrengungen den gewünschten Erfolg bringen. Das alles natürlich nur, wenn man - Neid komm raus - nicht als Millionär geboren wurde. Tröstlicher erscheint nur, daß sich die reichsten Menschen keine Gesundheit, sondern allerhöchstens nur die besten Ärzte kaufen können.
Was aber, wenn Kinder, die noch an die Macht Ihrer Wünsche glauben, doch mehr wissen? Wenn Märchen doch nicht in einem so fernen Land, sondern in unserem alltäglichsten Alltag wahr werden? Leider werden in unserer Kultur weder Kinder noch Märchen wirklich ernstgenommen, und zwar in dem Sinne, daß es hier etwas zu lernen gäbe.
"Kinder, die was wollen, kriegen was auf die Bollen!" ist einer der ersten Reime, den viele Kinder kennenlernen. Schon frühzeitig wird die Äußerung von Wünschen auch moralisch diskreditiert, sie werden in gute und schlechte, anständige und unanständige Wünsche eingeteilt. Später, in unseren Bildungsanstalten, erfolgt dann eine neue Unterteilung, die in mögliche und unmögliche Wünsche, letztere seien nämlich solche, die gegen bestimmte Normen verstoßen. Als Norm par excellence werden Naturgesetze in die Köpfe der Menschen gepflanzt, nicht als vorläufige Ordnung der Natur, sondern als unabänderliche ewige Zwangsjacke von Abläufen, denen wir machtlos gegenüberstehen.

'Funktionieren' ist ein Kernbegriff unserer Kultur. Er schließt ein, daß etwas immer gleich funktioniert. Sollte das einmal nicht der Fall sein, werden Gründe dafür gesucht und die Mängel abgestellt. Zugegeben: daß etwas immer wieder so funktioniert, z.B. das Licht brennt, wenn wir den Lichtschalter betätigen, zeigt eine gewisse Ordnung in der Natur. Wir müssen uns aber vor Augen halten, daß keiner genau weiß, was passiert, wenn wir den Lichtschalter betätigen. Physiker haben bestimmte Modelle dazu entwickelt. Aufgrund ihrer Visionen der Zusammenhänge haben sie Visionen von Experimenten in die Welt gesetzt und diese dann durchgeführt und sogenannte Gesetzmäßigkeiten herausgefunden. Habe ich diese Visionen, kann nicht diese Art von Experimenten machen, habe ich andere, mache ich andere Experimente.

Habe ich gar keine Modellvorstellungen, kann ich gar nichts dergleichen tun. Die Natur ruft uns nicht zu: daß sich Massen gegenseitig anziehen, ist ein Naturgesetz. In der Tat zweifeln auch Physiker heute an, daß dies ein fundamentales Naturgesetz sei, einige sogar, daß fundamentale Naturgesetze überhaupt existieren. Physiker - ich meine die wirklich bedeutenden unter ihnen - sind viel größere Visionäre, als wir gemeinhin vermuten. Einstein hat für die Formulierung seiner Relativitätstheorie zunächst Gedankenexperimente durchgeführt, Schrödinger hat seine bekannte quantenmechanische Wellengleichung schlichtweg erraten. Noch einmal und im Klartext: Wissenschaftler beschäftigen sich nicht die ganze Zeit mit sogenannten Beweisen und Experimenten, sondern genau mit dem, was man sonst nur den Philosophen, Träumern, Verrückten oder auch Kindern zugesteht: mit Visionen und Träumen. Diese Visionen führen evtl. zu Experimenten, die diese bestätigen oder widerlegen. Sie beweisen aber weder die Gültigkeit von Naturgesetzen noch führen sie zu unwiderlegbaren Theorien. Denn ich kann nur das beweisen, was ich sehen will, und vielleicht sieht jemand anderes etwas anderes, etwas mehr. Visionen, auch über die

Natur der Wirklichkeit, sollte man deshalb nicht nur Wissenschaftlern überlassen. Hier kann im Grunde jeder mitreden und sollte sich nicht einschüchtern lassen von den zweifelhaften Aposteln des Beweises.

Zusammenhänge, die ich nicht sehen will, werde ich niemals beweisen können. Beweisführungen laufen oft in einer Art Kreis: was ich beweisen will, muß ich schon voraussetzen. Wer unerwartete Ereignisse, sogenannte Wunder, für unmöglich hält, wird sie auch nicht beweisen können. Dagegen steht z.B. die Vision eines bekannteren Krebstherapeuten, der als Resümee vieler Fälle von Spontanheilung bei Krebs formulierte: "Wer nicht an Wunder glaubt, der ist kein Realist."[5] Hier drückt sich eine andere Sicht der Wirklichkeit aus, eine, die Abschied nimmt vom Glauben an unabänderliche objektive Naturabläufe und statt dessen davon ausgeht, daß Gedanken und Gefühle einen direkten Einfluß auf unseren Körper und damit auf die Natur insgesamt haben.

Sheldrake, der bisweilen allzu reißerisch als Galilei unseres Jahrhunderts gefeiert wird, hat den Mut gehabt, neben neuen Visionen auch eine neue Klasse von Experimenten vorzuschlagen, die nicht nur sogenannte Fachleute durchführen können (siehe dazu sein Buch: 'Sieben Experimente, die die Welt verändern könnten'). Seine grundlegende These, die These der morphischen Resonanz, d.h. die These, daß geistige Felder existieren mit Wirkung auf die Natur, läßt sich auch schwer erhärten, wenn man am Menschen vorbei experimentiert.

Die Naturwissenschaft steht heute vor dem Scheideweg, ob sie weiterhin die Phänomene und Wirkungen des Geistigen ausklammern will oder bestenfalls als Störfeld mit ins Kalkül einbeziehen will.

Es ist nicht mehr damit getan, diese Frage in Spezialinstituten für parapsychologische Forschung abzudrängen, um ja nicht als Sympathisant der Esoterikszene zu erscheinen.

Nicht nur die immer stärker diskutierten Spontanheilungen von Krebspatienten zeigen, daß es nicht hauptsächlich um die

Dokumentation sensationeller Löffelverbiege-, Poltergeist- oder anderer Phänomene geht. Sheldrake selbst schildert folgenden Fall eines Plazeboeffekts aus den fünfziger Jahren:
"Bei einem Mann mit Krebs in fortgeschrittenem Stadium zeigte die Strahlentherapie keine Wirkung mehr. Er bekam eine einzige Infektion der Experimentaldroge Krebiozen, die von manchen damals als 'Wunderheilmittel' angesehen wurde (inzwischen aber in Mißkredit geraten ist). Der Erfolg war für den Arzt des Patienten ein regelrechter Schock; er sagte, die Tumoren 'schmelzen wie Schneebälle auf dem Ofen'. Später las der Patient Untersuchungen, die von der Unwirksamkeit des Medikaments sprachen, und da begann seine Krebs sich wieder auszubreiten. Einer Eingebung folgend, verabreichte sein Arzt ihm intravenös ein Placebo und sagte, es sei eine neue, verbesserte Form von Krebiozen. Wieder schwand der Krebs mit kaum glaublicher Schnelligkeit. Aber dann las der Mann in der Zeitung die offizielle Verlautbarung der American Medical Association: Krebiozen sei völlig wertlos. Da war es um seinen Glauben geschehen, und ein paar Tage später war er tot."[6]
Es ist doch mehr als merkwürdig! Placebos sind unumstritten, sogar unter denen, die alles auf die Karte des 'gesunden Menschenverstands' setzen. Gegen die Wirksamkeit unorthodoxer medizinischer Mittel wird nicht selten mit schmunzelnder Ironie eingewandt: "Daran muß man wohl glauben, sonst wirkt es nicht!" Aber: Wird denn mit dieser Frage unterschwellig nicht etwas weit Unorthodoxeres behauptet als jede noch so außergewöhnliche medizinische Therapie sein kann? Nämlich daß nicht das Mittel selbst, sondern der Glaube des Patienten die erwartete Heilwirkung hervorrufe?! "Es ist ja nur ein Placebo!" sagt man. Was soll aber das Wörtchen 'nur' in diesem Satz? Es zeigt trotz der Anerkennung des Phänomens das tiefverwurzelte Mißtrauen, daß etwas so Ungreifbares wie Gedanken, Vorstellungen oder Bilder eine ganz und gar greifbare Wirkung ausüben könnten. In der Tat ist das Phänomen schwer zu fassen, jedenfalls mit

den gewohnten naturwissenschaftlichen Methoden, die ja darauf abzielen, subjektive Einflüsse weitgehend auszuschließen. Wie Sheldrakes Beispiel - und nicht nur dieses, wie wir sehen werden - beweist, beeinflussen Zweifel, Skepsis, negative Prognosen die Ergebnisse, ob wir nun eine strotzende Gesundheit, eine harmonische Partnerschaft oder irgendetwas anderes erreichen wollen.

Beeinflussen sie nur oder bestimmen Sie sogar?

Bezüglich des Placebo-Effekts wird diskutiert, ob dieser zu 30,50 oder gar 70 und mehr Prozent an der Wirkung eines Medikaments beteiligt ist. Ich glaube nicht, daß stabile Prozentzahlen hier überhaupt angebbar sind, sondern daß die Wirkung von Fall zu Fall und von Mensch zu Mensch schwankt. Oft erreicht man zu Beginn einer therapeutischen Maßnahme oder der Verabreichung eines Medikaments einen relativ starken gesundheitsfördernden Effekt, der mit der Zeit nachläßt. Das könnte damit erklärt werden, daß der Glaube an ein Mittel mit der Zeit schwächer wird und sich die ursprünglichen seelischen Disharmonien wieder in den Vordergrund drängen, die die Krankheit letztlich ausgelöst haben.

Aber gibt es nicht Arzneimittel, die auch ohne meinen Glauben wirken? Oder andersherum gefragt: wirkt nicht eine bestimmte Dosis Gift bei jedem Menschen gleichermaßen tödlich?

Wenn letztere Frage im Normalfall wahrscheinlich zu bejahen ist, so ist das noch lange kein Beweis gegen die Möglichkeit, daß einige Menschen gegen Gifte auch immun sein könnten. Im übrigen werden solche Beispiele immer wieder geschildert. Was aber einige Menschen können, das können, so vermute ich, im Prinzip und nach ihrer Anlage, alle Menschen.

Dazu reicht aber nicht der einfache Glaube aus, daß mir das Gift nichts anhaben könne. Vielleicht bedarf es dazu radikalerer Veränderungen im Bewußtsein der Menschen, Veränderungen, die gewohnte Körperreaktionen auf bestimmte Stoffe unterlaufen bzw. außer Kraft setzen.

Was für eine solche Auffassung spricht, wird noch näher zu begründen sein! Ein Beispiel noch an dieser Stelle, das zeigt, daß der menschliche Organismus kein Chemiebaukasten ist: in einem solchen Baukasten finden sich bekanntlich zahlreiche Stoffe, die man zusammenmischen oder anzünden kann. Nach der Reaktion dieser Stoffe entstehen neue Stoffe, die sich mit Hilfe einer Reaktionsgleichung bestimmen lassen.

Nach dem Modell der klassischen Chemie wirkt Stoffliches direkt auf Stoffliches. Für die Wirkung von Stoffen auf den Menschen ist ein solches Modell jedoch nicht brauchbar. Deepek Chopra zeigte das sehr einleuchtend am Beispiel einer multiplen Persönlichkeit. Das sind Menschen mit verschiedenen Persönlichkeitskernen, die schlagartig ineinander übergehen können. Nehmen wir an, eine Person bestehe aus zwei solchen Kernen, denen auch verschiedene Namen gegeben werden können, sagen wir Kathrin und Benjamin. Benjamin ist allergisch gegen Orangen, Kathrin nicht gegen Orangen, dafür aber gegen Paprika. Nimmt jetzt Benjamin Orangensaft zu sich, verwandelt sich aber zur selben Zeit in Kathrin, so verschwindet augenblicklich die allergische Reaktion auf den Orangensaft. Dann ißt Kathrin Paprika, reagiert aber nicht allergisch darauf, wenn sie sich wieder in Benjamin zurückverwandelt hat.

Was ist hier geschehen? Wie kann es zu einer solch dramatischen plötzlichen Veränderung von Immunreaktionen kommen? Haben sich die Träger der spezifischen Immunabwehr, B- und T-Lymphozyten, urplötzlich dematerialisiert? Oder haben sie aufgrund einer geistigen Veränderung an Wirksamkeit eingebüßt?

Sicher scheint nur zu sein, daß ein 'chemisches Weltbild' hier - aber nicht nur hier - auf seine Grenzen stößt. Und damit auch der Glaube an die 'Zwangsjacke' einer mechanischen Kausalität, in die die Natur eingezwängt ist.

Kausalität und Akausalität

Warum ist die Banane krumm? Oder:
Das Problem mit der Kausalität

Das Kausalprinzip hat das menschliche Denken sicherlich seit den Tagen begleitet, seit sich die Menschen ihrer Trennung von einer Außenwelt bewußter wurden. Welche Reaktion entsteht, wenn ich in einer bestimmten Weise handle? Aber auch: Was folgt in der Natur auf ein wirkliches oder vorgestelltes Ereignis? Jahreszeiten, Tag-Nacht-Wechsel, Erfahrungen mit Naturkräften - dies alles bot einen natürlichen Rahmen, eine gewisse Sicherheit und Prognostizierbarkeit äußerer Ereignisse. Jedoch überlagerten sich Momente eines experimentellen Umgangs mit der Natur mit dem starken Gefühl, schicksalhaft mit dem Kosmos verbunden zu sein. Ein Beispiel unter vielen sind die Versuche, menschliche und kosmische Vorgänge in engem Zusammenhang zu betrachten (Astrologie). Erst in der Neuzeit, einer vergleichsweise verschwindend kleinen Phase der Menschheitsgeschichte, in einem relativ kleinen Kulturgebiet der Erde, wurde die Natur entmythisiert, als seelenlos und teilchenhaft aufgefaßt. Die moderne Naturwissenschaft stellte das wiederholbare und angeblich von jeder Objektivität befreite Experiment in den Mittelpunkt. Es soll nicht geleugnet werden, daß diese Theoreme naturwissenschaftlichen Forschens sinnvoll waren und sind, wie im Grunde alles zu seiner Zeit seinen Sinn hat. Das steht hier jedoch nicht zur Debatte. Interessanterweise warfen Forschungen, die die Welt unter einem mechanistisch-kausalen Modell untersuchten, irgendwann Probleme auf, die dieses Modell selbst in Frage stellten. Je mehr das mit Phantasie und individuellen Tönungen ausgestattete Bewußtsein an den Rand gedrängt wurde, schließlich als eigenständige Größe überhaupt geleugnet wurde, desto ärger machte sich dieses 'Gespenst' daran, durch die Hintertür wieder hereinzukommen. Übertreibungen in eine Richtung scheinen immer das Gegenteil auf den Plan zu rufen.

Wenn sich auch inzwischen die Meinung, daß die Modelle des Forschens oder neutraler des Beobachters die Ergebnisse der Beobachtung beeinflussen, zu einer unausweichlichen und schon fast trivialen Erkenntnis gemausert hat, so bleibt doch die große Frage, wie wir die beiden getrennten Seiten, Objekt und subjektiver Beobachter, wieder zusammenbringen sollen. Bevor dieser Frage nachgegangen wird, lohnt es sich, sich noch einmal etwas eingehender mit dem Modell der Kausalität selbst auseinanderzusetzen.

Die Frage nach den Gründen ihrer Existenz oder bestimmter Ereignisse in ihrem Leben bewegt die Menschen sicherlich seit eh und je. In einem bestimmten Alter fragen auch Kinder ständig 'warum' und bringen damit manche Eltern nicht nur zur Weißglut, sondern bisweilen auch in große Verlegenheit, weil sie oft aus einer völlig ungewohnten Perspektive fragen.

Die Vorstellung einer Kausalität (lateinisch von causa: Ursache, Grund) setzt zwei Annahmen voraus:

1) die Annahme getrennt voneinander existierender Einheiten (Gegenstände, Menschen, Pflanzen, Atome, Gott als von der Welt getrenntes Wesen)

2) die Annahme eines Zusammenhangs zwischen diesen Einheiten, so daß eine Ursache mit einer Wirkung verbunden ist.

Selbst wenn ich der Meinung bin, daß Gott für viele Dinge in meinem Leben verantwortlich ist, denke ich kausal, und wenn ich Anhänger eines festgefügten dogmatischen religiösen Systems bin, so glaube ich vielleicht, für ein bestimmtes Handeln von Gott bestraft oder auch belohnt zu werden. Das Modell der Kausalität schafft einen Rahmen für eine Ordnung der Dinge, so daß ich in der Lage bin, Voraussagen zu treffen, egal ob darüberhinaus atheistische, buddhistische, materialistische usw. Vorstellungen mein Denken prägen. Vom

Standpunkt bloß kausalen Denkens macht es keinen grundlegenden Unterschied, ob ich meine, mir geschehe Unheil, weil eine schwarze Katze von rechts nach links oder umgekehrt meinen Weg gekreuzt hat, oder deshalb, weil ich unaufmerksam und unkonzentriert durch die Gegend spaziere. Denken nach den Prinzipien von Ursache und Wirkung ist nicht gleichzeitig ein Argument für wissenschaftliches Experimentieren und gegen den vermeintlichen Aberglauben, es ist in dieser Beziehung wertfrei.

Dagegen läßt sich behaupten, daß das kausale Bild der Welt selbst einen gewissen Aberglauben im Gepäck mit sich führt. Oder sollten wir neutraler und mit weniger Ironie sagen: einen gewissen Glauben unumgänglich macht.

Einige Beispiele aus dem Alltag: Wir haben leichte Befindlichkeitsstörungen, wie z.B. Kreislaufprobleme, Nackenverspannungen, Anzeichen von Bronchitis. Wie segensreich und beruhigend kann dann ein Blick aus dem Fenster sein: Ah ja, das Wetter! Das Wetter ist schuld daran, daß sich bei mir alles dreht, wenn ich zu schnell aufstehe. Sonst habe ich keine Probleme damit und jetzt habe ich den Grund gefunden. Gott sei Dank!

Um sich erhebenden Protesten gleich vorzubeugen: Ich will nicht eventuelle Zusammenhänge zwischen dem Wetter und gesundheitlichen Störungen leugnen, nur in welcher Weise ist das Eine Grund für das Andere? Einen Zusammenhang herzustellen ist etwas anderes als einen Grund anzugeben. Philosophische Spitzfindigkeit? Auf sprachlicher Ebene kennen wir alle den Unterschied: es ist der Unterschied zwischen 'wenn' und 'weil'. Zu weit hergeholt? Ist es denn das Gleiche, wenn ich sage:

'Wenn die Katze in meiner Nähe ist, reagiere ich allergisch!'
Oder:
'Weil die Katze in meiner Nähe ist, reagiere ich allergisch!'
Im ersten Fall gebe ich einfach einen Zusammenhang an, und zwar zwischen Nähe der Katze und allergischer Reaktion. In

zweiten Fall verursacht die sich bei mir aufhaltende Katze eine allergische Reaktion.

"Richtig, richtig" - könnte man dagegen argumentieren - "andere Personen reagieren auf Katzen gar nicht allergisch, also kann das nicht der einzige Grund sein. Vielleicht müssen wir einfach genauer untersuchen und schließlich weitere zusätzliche Gründe finden, die dann aber mit zwingender Notwendigkeit eine allergische Reaktion auslösen." Dieses Argument erscheint auf den ersten Blick überzeugend. Danach läge hier das Problem nicht im kausalen Denken, sondern in unserem oberflächlichen Umgang damit. Aber damit sind wir leider nicht aus dem Schneider, wie uns ein Beispiel aus der Physik zeigt, die ja wohl kaum im Verdacht steht, schludrig mit der Erforschung von Ursachen umzugehen: wenn ich z.B. einen Ball in die Hand nehme und ihn einen Meter über dem Erdboden loslasse, so fällt er nach unten. Die Anziehungskraft der Erde, so lautet die physikalische Begründung, zieht ihn nach unten, oder anders gesagt: Massen ziehen sich aufgrund der Gravitationskraft gegenseitig an. Alles klar? Leider nicht! Denn wir können diese merkwürdige Kraft, die zwischen zwei Körpern sogar über riesige Entfernungen hinweg wirkt, gar nicht wahrnehmen. Alles, was wir sehen können ist, daß ein Ball, ein Teller, ein Meteorit, ein Fernsehapparat usw. auf die Erde fällt. Wir sehen lediglich eine Wirkung eines Körpers auf einen anderen und nennen diese Ursache dann Kraft. Da diese Wirkung bei allen Körpern auftritt und immer wieder beobachtet werden kann, erhebt die Physik diese Ursache-Wirkung-Beziehung in den Rang eines Gesetzes. Daß etwas immer wieder passiert, ist jedoch kein Beweis dafür, daß es auch in Zukunft passieren muß. Darauf hat D. Hume schon im 18. Jahrhundert in seiner Kausalitätskritik hingewiesen. Wenn wir doch nur dieses unsichtbare Band zwischen Ursache und Wirkung sehen könnten! Es macht übrigens keinen grundlegenden Unterschied, ob wir von Kräften, Feldern oder Energien sprechen. Da selbst ein sogenanntes Naturgesetz nicht bewiesen werden kann, kann ich z.B. bezüglich der Schwerkraft weiter fragen: woher kommt denn die Schwerkraft? Werden sich Massen auch in Zukunft immer anziehen usw.? Kinder sind oft Meister im Stellen solcher nur scheinbar unsinnigen Fragen. Als Zwischenergebnis halten wir vielleicht fest: wir analysieren Dinge, Ereignisse, stellen Zusammenhänge zwischen ihnen fest und benutzen dabei bestimmte Erklärungsmodelle. Wir erkennen vielleicht immer wiederholbare Verknüpfungen, die in der Wissenschaft als Gesetzmäßigkeiten formuliert werden. Wir übersehen dabei häufig, daß diese sogenannten Begründungen nur vorläufige sind und wir viel zu oft wie 'Begründungsautomaten' reagieren.

Daß der wirkliche Grund für Dinge, Verknüpfungen, Ereignisse völlig außerhalb unserer neuzeitlichen Kausalitätsnormen liegt, in diesem Sinne sogar akausal ist, erscheint uns vielleicht völlig fremd und als viel zu vage. Daß es gute Gründe für diese Annahme gibt, werde ich von verschiedenen Seiten zu beleuchten versuchen. Es lohnt sich, zunächst noch ein paar weitere Blüten unseres Alltagsdenkens zu untersuchen, die uns den Schein unwiderlegbarer kausaler Stichhaltigkeit vorgaukeln.

Wir alle kennen die Aufforderung: 'Zieh dich warm an, sonst holst du dir noch den Tod!' Und hat sich dann eine Erkältung eingestellt, so heißt es: 'Du hast dich nur erkältet, weil du zu dünn angezogen warst, die Jacke nicht zugemacht hast usw...'
Um Mißverständnissen vorzubeugen: ich plädiere nicht etwa dafür, im Winter halbnackt herum zu laufen. Aber an solchen allgemein als wahr bezeichneten Aussagen, die letztlich auf kulturell gestützten Glaubenssätzen beruhen, lassen sich Kurzschlüssigkeiten in unseren Begründungen besonders deutlich aufzeigen. Ich habe also die Jacke nicht zugemacht und mich kurz darauf erkältet. Nun kann mir niemand die genauen kausalen Verbindungsglieder zwischen dem Offenlassen der Jacke und meiner Erkältung direkt zeigen, daher könnte es genausogut sein, daß das eine mit dem anderen gar nichts zu

tun hat, es nur den von mir konstruierten Anschein hat. Könnte ich nun den Film gewissermaßen zurückspulen und eine Zeitreise machen, so könnte ich den alternativen Weg überprüfen. Ich mache dann die Jacke zu und lasse sonst alle Bedingungen gleich. Bleibe ich dann gesund, so wäre tatsächlich der Kausalzusammenhang hergestellt, aber nur, wenn ich beide Alternativwege auch beobachten könnte. So aber bleibt mir als 'Beweis' nur das Gesetz der großen Zahl, das jedoch, wie schon gezeigt, den Einzelfall nicht determinieren kann. Selbst wenn eine statistische Analyse zeigen würde, daß im Winter zu leicht bekleidete Menschen eher zu Erkältungen neigen, so ist daraus nicht zu folgern, daß auch ich notwendigerweise eine solche Neigung habe. Das ist das eine Problem. Ein weiteres besteht darin, daß die statistische Analyse eine Unbekannte ausklammert, die evtl. aber die entscheidende Größe für das Ergebnis ist: diese Unbekannte ist das Bewußtsein. Die Untersuchungen über die Wirksamkeit des Placebo-Effekts zeigen, daß die Möglichkeit besteht, daß der Glaubenssatz: 'ich werde krank, wenn ich die Jacke offenlasse', auch die Wirklichkeit des Krankwerdens hervorruft. Solche Glaubenssätze sind eng mit allgemeinen Anschauungen unserer Kultur verbunden, mit ihren vorherrschenden Mythen. Ich werde in weiteren Kapiteln auf die Mythen und Märchen unserer Kultur zurückkommen. Hier verweilen wir erst noch ein wenig bei einem Hauptmythos, dem der Kausalität. Wohlgemerkt: es geht hier nicht um 'richtig' oder 'falsch', sondern um die Grenzen einer bestimmten Vorstellung von Kausalität. Für die Analyse großer Gruppen und deren Verhalten mag das kausale Modell oft sinnvoll sein, es spiegelt wiederholbare Ordnungen und wie diese sich auseinander ergeben. Man sollte sich nur davor hüten, dem heute gebräuchlichen Kausalmodell Erklärungskraft zuzuweisen. Die Chaosforschung beschreibt z.B. die Entstehung bestimmter Ordnungen, ohne daß sie sich anmaßt, diese Ordnung erklären zu können (siehe noch einmal das Beispiel der Vielfalt der

Gestalten von Schneeflocken und zugleich sich immer wiederholender geometrischer Figuren - ein Phänomen, das nicht kausal zu fassen ist; oder ein anderes Beispiel: jeder Mensch hat in der Regel einen Kopf, zwei Arme und zwei Beine, zehn Finger usw. und doch ist jeder Mensch nicht nur seelisch, sondern auch körperlich einzigartig).

Gesetze erzeugen keine Ordnungen. Ordnungen sind vielleicht eher Spielregeln vergleichbar, die ein fließendes Gleichgewicht zwischen Einzelnem und Ganzem widerspiegeln. Das Einzelne selbst aber ist seinem Wesen nach tricksterhaft (vgl. S. 61), anarchistisch, unvoraussagbar. Die Ergebnisse der Quantenphysik zwingen uns dazu, viele Auffassungen über die Wirklichkeit zu revidieren. Dazu gehören auch die Vorstellungen über die Beziehung zwischen dem Einzelnen und dem Ganzen. Alte religiöse Auffassungen (religiöse Systeme zeigen immer an, daß der Mensch sich von einer natürlichen Spiritualität und Eingebundenheit ins Ganze schon entfernt hat) sehen das Einzelne durch die Macht göttlichen Wirkens beschränkt, das Einzelne ordnet sich letztlich bei allen 'Gesetzesübertretungen' den göttlichen Verfügungen unter. Die Kausalitätsauffassungen der 'klassischen' Naturwissenschaften setzen das Naturgesetz an die Stelle persönlichen Eingreifens eines oder mehrerer Götter, es bleibt bei einer jetzt noch verschärften Unterordnung des Einzelnen unter das Ganze, verschärft deshalb, weil die 'Naturgesetze' das Einzelne restlos determinieren und ein freier Wille nur noch als Gaukelbild erscheint. Zu Beginn des 20. Jahrhunderts ersetzte das Modell statistischer Kausalität das Modell strenger Kausalität. Die Quantenphysik war in dieser Beziehung absoluter Vorreiter, da sich hier eine prinzipielle Unvoraussagbarkeit des Einzelphänomens andeutete. Das Doppelspaltexperiment zeigt eine immer wieder auftretende statistische Verteilung der Photonen auf dem Schirm, wohin das einzelne Photon XY fliegt, ist aber ungewiß. Freiheit innerhalb von Ordnung-darauf deutet die Quantenphysik hin. Der jetzt neu entfachte Streit über die Interpretation von Quantenexperimenten ändert daran nichts. Ob das Photon erst durch den Akt der Beobachtung entsteht (Kollaps der Wellenfunktion, Kopenhagener Interpretation) oder immer schon als reales Teilchen existiert und über Führungswellen (Bohm) oder Angebotswellen quer durch die Zeit (Transaktionsinterpretation) mit allen Vorgängen im Universum verbunden ist-eine nichtlokale Vernetzung des Einzelphänomens mit dem Ganzen ist typisch für Quantenphänomene. Einzelnes und Ganzes erscheinen nicht länger als völlig getrennt, sondern auf mysteriöse Weise als zwei Seiten einer Medaille. Vielleicht ist sogar das Einzelne auf eine Weise, die uns zunächst unverständlich und paradox erscheint, gleichzeitig das Ganze.

Wenn aber offensichtlich das Einzelne zumindest mit dem ganzen innigst vernetzt ist, tritt erneut die Frage auf, wodurch das Einzelne denn nun gesteuert wird. Konkret: warum entscheidet sich das einzelne Photon so und nicht anders? Zufall? Eine tolle Erklärung, und zwar eine, die nichts erklärt. Wir sind erneut an dem Punkt angelangt, den Zufall als Leerstelle anzuerkennen, und zwar für die unvoraussagbare Freiheit des Individuellen, eine Freiheit, die im bisherigen Modell wissenschaftlicher Kausalität keinen Platz findet und deshalb neue Modelle erfordert.

Von Nichts kommt nichts?

Das scheint ja nun auf den ersten Blick völlig plausibel! Daß Dinge entstehen, setzt andere Dinge voraus, aus denen Sie entstehen! Und da wir immer wieder bestimmte Dinge anderen vorhergehen sehen, ziehen wir in Gedanken eine Linie von Ereignis oder Ding A zu Ding B.

Aber so selbstverständlich wie das alles aussieht, scheint das Ganze jedoch nicht zu sein.

Der griechische Philosoph Zenon (5. Jahrhundert vor Christus) hat in diesem Zusammenhang einige sehr unbequeme Fragen aufgeworfen, die als Paradoxien bis heute ungelöst sind.

Diesen liegt nach meiner Einschätzung das Problem des Übergangs vom mathematischen Punkt zur mathematischen Linie zugrunde. Ist eine Linie die Aneinanderreihung von mathematischen Punkten? Was ist das?

. . . . Ganz klar Punkte! Und das ? ...... Punkte oder eine Linie oder beides? Und das? ----------- Klar eine Linie?

Der Unterschied zwischen den drei Darstellungen liegt lediglich in der größeren Dichte der Punkte, bei ausreichender Dichte erscheinen uns die Punkte als Linie.

Zwar sind die Übergänge von Punkt zu Linie und umgekehrt errechenbar (der mathematisch Interessierte oder der gerade der Schule Entwachsene wird sich noch an den Begriff der Infinitesimalrechnung erinnern), aber damit ist das Problem dieses Übergangs nur rechnerisch, nicht auf symbolisch-archetypischer Ebene gelöst. Was bedeutet das?

Ein Punkt, wohlgemerkt ein mathematischer, nicht etwa der Punkt hinter diesem Satz, hat keine Ausdehnung, ist dimensionslos wie die Zahl.

Eine mathematische Linie hat dagegen eine Ausdehnung, womit die Frage entsteht, ob eine Kette von dimensionslosen Punkte eine eindimensionale Linie hervorzaubern kann, unabhängig davon, ob die Mathematik rechnerische Konstruktionen anwendet, die dieses Übergangsproblem lösen.

Wolf verdeutlichte das Problem an folgendem Beispiel, das wir alle kennen:

Ein Kinofilm liefert uns bekanntlich bewegte Bilder auf der Leinwand, aber nur, wenn der Projektor die Filmspule schnell genug transportiert. Denn das Zelluloid besteht bekanntlich aus einer Reihe einzelner Standbilder. Einzig und allein die schnelle Aufeinanderfolge diese Bilder erzeugt die Illusion bewegter Vorgänge in Raum und Zeit. Die offensichtliche Stetigkeit der Filmbewegungen überlagert und verhüllt die sprunghaften Bildwechsel beim Abspulen des Films.

Zenon verdeutlichte dasselbe mit dem Bild des fliegenden Pfeils: Zu jedem einzelnen Zeitpunkt befindet sich der Pfeil genau an einem Ort, daher könne der Pfeil nicht ins Ziel gelangen, ja überhaupt nicht fliegen.

So verrückt uns das Ganze erscheinen mag, das Gegenteil ist bis heute nicht beweisbar. Vielleicht sollten wir einfach in Erwägung ziehen, neben dem Prozeßhaften und Linearen dem Sprunghaften und Punktuellen in der Wirklichkeit nachzuspüren. Und dafür gibt es in der Tat gute Gründe. Die Quanten machen es uns vor. Sie zeigen uns, wie man springt, ohne daß jemand diesen Sprung verfolgen könnte.

Dazu der Physiker David F. Peat:

"Anstatt ständigen Wechsels gibt es einen diskontinuierlichen Sprung. Im einen Augenblick ist das Elementarteilchen noch im Nukleus (Kern). Im nächsten Augenblick ist es fort. Es gibt kein Zwischenstadium, keine Phase, in der sich das Teilchen im Prozeß des Herauskommens befindet. Im Gegensatz zu einer Maus wird man niemals ein Quantenteilchen entdecken, dessen Kopf aus dem Mauseloch herauslugt und dessen Schwanz noch drinsteckt. Die Quantentheoretiker nennen diesen diskontinuierlichen Übergang den Quantensprung."[7]

An anderer Stelle schreibt Peat:

"Im Augenblick vor dem Sprung belegt das Elementarteilchen einen bestimmten Bereich des Raumes. Einen Augenblick später befindet es sich an einer anderen Stelle, und gemäß der Quantentheorie verbindet kein physikalischer Prozeß diese beiden physikalischen Seinszustände, keine Zeitspanne trennt sie. Es ist, als ob die Existenz des Elementarteilchens plötzlich erlischt, sich durch ein zeitloses und raumloses Zwischenstadium bewegt und dann irgendwo anders wieder erscheint. Im einen Augenblick befindet sich das Teilchen noch im Nukleus, und im nächsten reist es mit

Höchstgeschwindigkeit herum. Dazwischen geschieht nichts. Das ist das Mysterium des Quantensprungs."[8]

Die sprunghafte Wirklichkeit der Quanten erscheint unserem auf Prozesse getrimmten Bewußtsein als ein unerklärliches Rätsel. Dies um so mehr, als wir im Alltag ständig bemüht sind, Prozesse zu sehen, d.h. stetige Linien mit aufsteigender oder absteigender Tendenz.

Da ist z.B. der schon erwähnte sogenannte Alterungsprozeß, eine unerbittlich absteigende Linie, die zwar manchmal etwas flacher, aber dennoch immer nach unten verläuft. Wir stellen im Kopf ständig Hochrechnungen an, die den jetzigen Zustand von sagen wir jugendlicher Vitalität mit dem unvermeidlichen Zustand späterer Senilität verbinden. Ganz sicher beschleunigen wir mit solchen Einstellungen das Altwerden! Oder lösen es sogar aus?

Auf den Mythos des Alterns will ich noch in gebührender Breite eingehen. Hier hier geht es erst einmal um einen Hauptmythos unserer Kultur, die Geschichten, die sich um Zeitabläufe, Tendenzen ranken.

Die gestrige Meinung beschwört das Heute herauf, und der Spielraum für das Morgen ist auch sehr begrenzt.

"Wie geht es?"- "Geht so!" Oder: "Muß!" "Was willst du machen? Die Bronchitis werde ich auch nicht mehr los." Das ist vielfach die Essenz von 'Gesprächen', die man sich täglich erzählt, um sich gegenseitig mutlos zu machen bzw. die solidarische Gemeinschaft der Mutlosen enger zu schmieden. Wer sich gebildet dünkt, redet gerne über Elternhaus und schwierige Kindheit, und erklärt auf diese Weise seine 'depressiven Tendenzen'. Mit dem Ergebnis, daß solche 'Erklärungen' dazu beitragen, ewig in den alten Geschichten hängenzubleiben, oft noch in Verbindung mit weinerlichen Schuldzuweisungen. Was mal war und was deshalb voraussichtlich sein wird, sind Riesenpakete, die jeder mit sich herumschleppt und die ihn hinunterdrücken. So wird die Gegenwart niemals erreicht, und die Zukunft zum müden

Abklatsch der Vergangenheit. Der Quantensprung ist ein Zeichen für Unvoraussagbarkeit und Nichtprozeßhaftigkeit in unserer Wirklichkeit. Er versinnbildlicht, daß es jederzeit möglich ist, ausgetretene Pfade scheinbar objektiver Prozesse zu verlassen. Ich erinnere noch einmal an die aufgegebenen Fälle der Medizin, bei denen Spontanheilung eintrat und von einem Moment zum anderen Prozesse umgekehrt werden konnten. Hoppla! Habe ich eben wieder 'Prozesse' gesagt? Nun, ich kann natürlich das Bild des Prozesses auch positiv verwenden, z.B. in der bekannten Formeln des französischen Arztes Coue, der seinen Patienten empfahl, häufig den Satz zu wiederholen: "Es geht mir von Tag zu Tag besser und besser!" Meistens sehen wir uns aber Abläufen geradezu ausgeliefert, indem wir dann hängenbleiben und deren Programmierung wir mit solchem Denken nur verstärken. Wir erfinden sehr oft Geschichten ohne Happy End, in denen wir gedanklich einen Mißerfolg an den anderen reihen und lassen es so zu, daß diese Geschichten unsere Realität erzeugen. Ausgehend von unserer Erwartungshaltung deuten wir auch die Daten und Eindrücke unseres Lebens. Wer davon überzeugt ist, daß er dick ist und niemals dünner werden kann, sieht schon, bevor er auf eine Waage steigt, die Zahlenanzeige der Waage vor seinem geistigen Auge. Es ist nicht schwer zu erraten, daß vor dem Hintergrund solcher Hochrechnungen der Gang auf die Waage mit frustrierenden Ergebnissen endet.

Es gibt zwei Möglichkeiten, die sich keinesfalls widersprechen, um diesen Dilemma zu entkommen:

1) Man erfindet und glaubt an Geschichten, die andere neuartige Wendungen enthalten, wobei der wirkliche Glaube daran das Schwierigste ist.

2) Man lernt, daß Geschichten eben nur Geschichten sind und macht sich mit dem Gedanken vertraut, daß Unvorhersagbarkeit und Schöpfung aus dem Nichts nicht nur für den menschlichen Geist, für die menschliche Individualität typisch sind, sondern ebenso für die Welt der Materie.

Der Quantensprung ist genauso rätselhaft wie die Erzeugung von Teilchen aus dem Nichts-beides aber gehört längst zum Allgemeingut der modernen Physik. Erst in den neunziger Jahren wurde experimentell bewiesen, daß in einem völlig leeren Raum, einem Vakuum, Teilchen aus dem Nichts entstehen und wieder spurlos verschwinden, wie der Physiker H. Casimir schon 1948 vermutete. Diese Teilchen wurden erst kürzlich in einem Experiment am Los Alamos Labor (USA) von Steven Lamoreaux nachgewiesen, und zwar anhand ihrer Kraft, die sie auf zwei Plättchen ausüben, die weniger als ein Tausendstel Millimeter voneinander entfernt sind.

Im Grunde bestätigt sich damit erneut, daß die Mikrowelt genauso verrückt ist wie die Quantenphysik schon seit 70 Jahren voraussagt. Denn der sogenannte Casimir-Effekt ist nur eine direkte Folge der Heisenbergschen Unschärfebeziehung (s.o.).

Von Nichts kommt also doch etwas! Aber hat das für unser Alltagsleben irgendeine Bedeutung, wenn auf subatomarer Ebene für ganz winzige Zeiträume kleine Teilchen entstehen und wieder verschwinden? Große Objekte wie Häuser, Autos, Kühlschränke usw. müssen doch immer noch aus Einzelteilen zusammengesetzt werden und stehen nicht urplötzlich vor uns oder vergehen wieder! Ich muß gestehen, daß ich derlei noch nicht gesehen habe, obwohl z.B. von einem Experiment berichtet wird, in dem ein ganzes Kriegsschiff weggezaubert wurde (Philadelphia-Experiment 1943).

Alle elektromagnetischen Kräfte, die zwischen Objekten wirken, werden durch eben jene erwähnten schnellebigen virtuellen Teilchen erzeugt. So behauptet es jedenfalls ein ebenfalls hervorragend bestätigter Teil der Quantenphysik, die Quantenelektrodynamik. Es ist nicht unwahrscheinlich, daß für die Anziehungskraft, die größere Objekte zusammenhält bzw. an ihrer Stelle fixiert, dasselbe gilt (Hypothese der Gravitonen). Ich werde darauf noch zurückkommen. An dieser Stelle will ich als weiteres Argument anfügen, daß die Welt des ganz Kleinen und des ganz Großen nicht durch eine chinesische Mauer getrennt sind. Die Gesetze der Quantenwelt gelten in unserer Alltagswelt genauso wie in der Welt der Galaxien. Es mag höchstens zusätzliche Einflüsse, Felder, Kräfte geben, die den Quanteneinflüssen in 'unserer Welt' überlagert sind. Diese schaffen sich überlagernde Strukturen oder Ebenen, die aber nicht streng voneinander getrennt sind. Ein Beispiel: in unserem Körper spielen sich im Allerkleinsten ständig Quantenvorgänge ab, 'darüber' finden wir die Ebene der Zellvorgänge, biochemische Abläufe mit unglaublicher Komplexität und Geschwindigkeit. Zellverbände bilden Organe, deren Funktionsweise sich sicherlich nicht einfach aus der allgemeinen Kenntnis der Quantenphysik oder des Lebens der Zellen erschließt. Ebenso wissen wir noch nichts über die speziellen Aufgaben des Gehirns, wenn wir das für Organe Typische begriffen haben usw. Andererseits ist genau so richtig, daß wir das Sein der Organe und ihre Möglichkeiten nicht nur aus ihren augenblicklichen Aufgaben für das Funktionieren des Ganzen ableiten dürfen. Vielleicht kommen wir in die Nähe eines Begreifens nur, wenn wir Tätigkeiten des Bewußtseins, geistige Tätigkeiten, Gehirnfunktionen und auf der anderen Seite die Quantenrealität in unsere Beobachtungen einbeziehen. Vielleicht würde sich dann herausstellen, daß die Welt des Allerkleinsten mit den Ordnungen, die sich in der 'mittleren' und der kosmischen Welt finden, eng verbunden ist, Ordnungen, die uns als viel stabiler und länger dauernd erscheinen als die beweglichen Atome, Elektronen oder Photonen. Der Stuhl, auf dem ich gerade sitze, erscheint mir als fest und hart, aber es könnte auch sein, daß die Atome die ihn bilden, ständig auftauchen und wieder verschwinden und nur die Eigenart von noch wenig erforschten Feldern und Kräften (Gravitationsfelder, Informationsfelder) verhindert, daß ich auf dem Boden lande.

Das Nichts 'lugt jedenfalls immer um die Ecke' und einige Kosmologen, die die Frage nach der Entstehung des

Universums stellen, vermuten ernsthaft, daß die gesamte Energie des Universums 'Null' ist. Das ist keineswegs so absurd, wie es auf den ersten Blick erscheint, denn die Energie eines Gravitationsfeldes ist in demselben Sinn negativ, wie die Masseenergie positiv ist.+1+ (-1) oder +1000+ (-1000) oder oder sind immer Null. Es spricht aber einiges dafür, den Gedanken der einmaligen Schöpfungen des Universums durch den einer ständigen Schöpfung zu erweitern. In jedem Fall bleibt etwas rätselhaft: Es ist die alte philosophische Frage, warum überhaupt etwas und nicht Nichts ist. Es ist nicht selbstverständlich, daß überhaupt eine Welt existiert. Denn die Schöpfung hat keine weitere Ursache, sie ist immer Schöpfung aus dem Nichts.

In diese Frage kann die traditionelle Physik als eine rein objektive 'Tatsachen'wissenschaft kein Licht bringen. Deshalb wird die Frage nach dem Ursprung des Universums, die ja nicht mit physikalischen Annahmen von Weißen und Schwarzen Löchern, Singularitäten usw. erklärt ist, gewöhnlich den Religionen überlassen. Ich werde zu zeigen versuchen, daß Schöpfung aus dem Nichts ständig stattfindet und nicht auf den einmaligen sogenannten ersten Schöpfungsakt beschränkt ist.

Im Grunde schöpft auch der Maler, Bildhauer oder Musiker, der seine Ideen in Farbe, Form und Ton umsetzt, aus dem Nichts. Bisher wurde jedoch die Sache meistens so gesehen, daß der Stoff, dem er seine Ideen aufprägt, träge, geistlos, 'tumb' ist, während die Eigenschaft des Schöpferischen nur dem Geist zukommt.

Diese Trennung erweist sich immer deutlicher als falsch, es gibt keine Materie ohne Geistiges, keine Materie ohne Schöpferkraft, Intelligenz und auch freien Willen. Die Quantenrealität enthält bereits alle Merkmale, die bisher als typisch nur für die 'höheren' Geistesfunktionen gesehen wurden. Statt Geist und Materie einander gegenüberzustellen, lassen sich die Zusammenhänge vielleicht besser mit zwei anderen eng miteinander verbundenen Begriffen beschreiben: Information und Energie.

Das Einzelne und das Ganze

Alltäglich unterscheiden wir ständig zwischen einzelnen Dingen, Personen, Sachverhalten: ein Tisch, ein Stuhl, ein Mensch, ein Tier, eine Pflanze, ein Stein, ein Stern, ein Spiel. Aber gibt es das Einzelne wirklich oder ist das alles nur trügerischer Schein? Gut, wenn wir einen Stein verkleinern, so haben wir plötzlich zwei oder mehrere kleinere Steine oder vielleicht sogar einzelne Sandpartikel. Was geschieht, wenn wir diese Partikel noch weiter verkleinern? Wir erhalten Moleküle, als deren Bestandteile Atome (die angeblich unteilbaren Einheiten), schließlich Elektronen, Protonen, Neutronen, dann Quarks, Neutrinos usw. Schließlich zerrinnen uns diese Teilchen, die eh noch niemand gesehen hat, auch noch zwischen den Fingern: sie erscheinen plötzlich nicht mehr als punktförmig in Raum und Zeit, sondern als wellenhaft-ausgedehnt, als fluktuierendes Feld mit verschwimmenden Grenzen:

"In der Quantenfeldtheorie verliert die Unterscheidung zwischen Teilchen und dem sie umgebenden Raum ihre ursprüngliche Schärfe, und die Leere wird als eine dynamische Eigenschaft von überragender Bedeutung erkannt. In Einsteins Feldgleichungen kann die Materie nicht von Ihrem Schwerkraftfeld getrennt werden, und das Schwerkraftfeld kann nicht getrennt werden vom gekrümmten Raum... Die moderne Physik zeigt uns mal wieder, daß körperliche Objekte keine klaren Einheiten sind, sondern untrennbar an ihr Umfeld gekettet sind. Ein Quantenfeld ist ein Feld, das die Form eines Quantums oder Teilchens einnehmen kann."[9]

Es läßt sich einwenden, daß Menschen Wesen mit Bewußtsein und Gefühlen seien, was sich von einem Stein nicht sagen lasse. Aber so einfach können wir das Problem nicht lösen. Wir können nicht wissen, ob nicht auch ein Stein oder einzelne seiner Atome über eine bestimmte Form von Bewußtsein verfügen. Es spricht sogar einiges dafür, weshalb auch die konventionelle Unterscheidung zwischen belebter und unbelebter Materie fragwürdig geworden ist. Ohne bestimmte Voraussetzungen von Informationen kann, so zeigt die moderne Physik, Materie nicht existieren, und es ist meiner Ansicht nach sehr schwer einzusehen, wie urplötzlich intelligente Lebewesen entstehen sollen, wenn nicht schon in materiellen Strukturen selbst Geistiges existiert. Im übrigen weisen die Forschungen zur Selbstorganisation von Materie, zur Strukturbildung von Proteinen oder Wassermolekülen, letztlich sogar der Doppelspaltversuch (siehe unten) in eine ähnliche Richtung.

Es gibt also wohl nur zwei Möglichkeiten: Das Einzelne ist auf allen Ebenen existent oder es ist überhaupt nicht existent, sondern eine trügerische Wirklichkeit, von der man sich gedanklich schleunigst befreien sollte. Ich glaube, daß es förderlich ist, das Einzelne und mit ihm die freiheitliche Struktur des Universums zu betonen. Freier Wille, Unberechenbarkeit, aus der Rolle fallen, Infragestellen alter Muster, Abenteuerlust, das Neue wagen, kindlicher Anarchismus - all das sind einige Charaktermerkmale des Einzelnen, also all das, was C.G. Jung im Archetyp des Tricksters zusammenfasste: im Maya-Orakel ist es das magische Kind, das diese Eigenschaften in sich vereint. Der Trickster ordnet sich nicht dem Ganzen einfach unter, sondern rebelliert, aber ohne Machtansprüche. Er will seine Linie den anderen nicht aufzwingen, sondern einen hohen Grad von Individualität, Selbstsein und Kreativität ausdrücken. Sich an der eigenen Originalität zu freuen, steht nicht im Widerspruch dazu, diese auch beim anderen zu tolerieren und sogar zu fördern.

Auf diese Weise wird das Einzelne, indem es sich vom Ganzen absondert, zu einer innovativen, erneuernden Kraft. Sicherlich bleibt das Einzelne immer mit dem Ganzen verbunden, aber im Gewand des Tricksters nicht dem Ganzen oder vermeintlichen Gesetzen des Ganzen untergeordnet. Den eigenen Impulsen zu folgen bereichert auch das Ganze, drückt es neu aus. Wenn ein Bankbeamter nach vierzig Jahren Tätigkeit in seinem Beruf plötzlich die Idee hat, Geige spielen zu lernen, so kann man nur gratulieren, vorausgesetzt er setzt diese Idee auch in die Tat um. Oder wenn irgendjemand plötzlich Lust hat, mitten in der Stadt zu tanzen, in einer belebten Fußgängerzone, unter den Blicken erstaunter oder abfällig wirkender Passanten, dann kann man nur sagen: Tu es! Kümmere dich nicht darum, wenn einige sagen: Der spinnt! Oder: Verhalte dich deinem Alter gemäß! Sind denn solche Dinge nur Kindern, Schauspielern, Betrunkenen oder Insassen psychiatrischer Kliniken erlaubt? Leider werden Kinder viel zu oft als Objekte pädagogischer Begierde für erziehungswütige Erwachsene gesehen statt als Wesen, von denen man etwas lernen könnte. Kindern Respekt entgegenzubringen heißt eben nicht, als Erwachsener zu wissen, was gut und schlecht für Kinder ist, sondern zu lernen, seine eigenen Impulse wahrzunehmen und sie zum Maßstab des eigenen Handelns zu machen. Erwachsene neigen dazu, in ihren festen Rollen in Beruf, in Partnerschaft, und Familie zu erstarren, sich keinen 'Spiel'raum zu erlauben.

Diese Form der Absonderung von einem Ganzen, nämlich über die Identifikation mit Persönlichkeitsmerkmalen und Rollenmustern, führt in die Irre, denn sie fördert das Einzelne und dessen tieferen Ausdruck gar nicht.

In Gruppen kann man verschiedene Möglichkeiten beobachten, wie Einzelnes und Ganzes zusammenwirken können. Die meisten kennen sicherlich jene Art von Gruppen, wie sie auch von der Psychologie beschrieben werden (gruppendynamische

Prozesse): Da tobt nach einer ersten Abtastphase der Kampf um die Führung, Macht und Glanz stehen im Vordergrund, der Einzelne sucht nach Wegen, sich am besten in Szene zu setzen, sich am wirkungsvollsten darzustellen.

Manche haben aber auch andere Gruppenerfahrungen gemacht: die Einzelnen in der Gruppe sind ernsthaft aneinander interessiert. Sie haben eine positive Neugier und regen sich dadurch gegenseitig an. Dadurch entsteht ein Geben und Nehmen, bei dem jeder einzelne ein anderes Niveau erreichen kann - ein Fluß von Informationen und Ideen, der einfach Spaß macht. Mitglieder solcher Gruppen haben eine andere Einstellung zu ihrer Identität. Was ist deren mehr oder minder bewußte Einstellung zu ihrer Identität? Die Beantwortung dieser Frage erfordert es, auf das grundlegenden Rätsel der Identität einzugehen. Ja, Rätsel der Identität!!

Zu Beginn des Erdenlebens bekommt jeder Mensch einen Namen, mit dem er sich identifiziert, manchmal vielleicht mit etwas Murren. Das Kind sagt irgendwann: 'ich bin Martin' oder 'ich heiße Melanie'. Der Name faßt etwas zusammen, was 'ich' ausmacht. Was ist dieses gleichbleibende 'Ich'? Der sichtbare Körper? Er verändert sich, wie wir wissen, ständig auf zellulärer Ebene, denn ständig sterben Zellen und entstehen neue. Größe, Körperbau, Aussehen bleiben auch nicht gleich, was im übrigen auch nicht nur dem sogenannten Alterungsprozeß angelastet werden darf. Martin sieht mit 5 nicht so aus wie mit 10, mit 20 nicht sowie mit 25. Vielleicht suchen wir jetzt am falschen Ort. Gleich sind es Charaktermerkmale, Talente, Vorlieben, kurz unsere psychische Struktur, die stabil bleiben. Tatsache ist, daß wir uns mit bestimmten Persönlichkeitsmerkmalen identifizieren und daran festhalten. Wenn wir nun aber durch Lebenserfahrungen gedrängt oder kraft innerer Einsicht Einstellungen, die wir nicht mehr für tauglich halten, über Bord werfen, haben wir in bestimmte Weise immer noch das Gefühl, der oder die gleiche zu sein. Ja, das Erkennen von

Veränderungen, im Nachhinein gewonnen, ist überhaupt nur möglich, wenn etwas gleich geblieben ist. Erinnerungen und Erlebnisse, die man 'im Kopf'oder sonst wo behält, können nicht die Klammer für das Identitätsgefühl sein, diese Klammer kann nur ein Ich sein, das Erfahrungen sammelt, vergleicht, möglicherweise bewertet, verdrängt oder in irgend einer anderen Form reflektiert. Dieses muß also außerhalb dieser wechselhaften Erfahrungen stehen. Der Atomphysiker Charon belegte diesen Zusammenhang unter Berufung auf den französischen Philosophen Descartes: "Ich könnte nun versucht sein, das, was ich als das Mentale, als mein Denken, bezeichne, mit meinem Geist zu verwechseln, jenem 'Auge', das alle Formen seiner Umgebung betrachten kann. Descartes widerstand dieser Versuchung, er hat nicht den grundlegenden Irrtum begangen, Denken und Geist zu verwechseln. Er hält fest, daß mein Geist (mein 'Ich') mein eigenes Denken so betrachten kann, als läge es außerhalb dieses 'Ichs'. Also kann dieses 'Ich' mit meinem Denken nicht identisch sein. Daher der berühmte Satz: ' Ich denke, aber ich weiß auch, daß ich denke.' Dieses 'Ich', welches 'weiß', daß es denkt, kann also mit den Denken als solchem nicht verwechselt werden."[10]

Das heißt auch, daß ich immer mehr bin als das ich, mit dem ich mich gerade identifiziere. Das Ich - Ich (Wolinski) ist jenseits aller Festlegungen, nicht als Struktur greifbar. Da wir uns des Beobachters und des Schöpfers bewußt sein können, befinden wir uns jenseits von Beobachter und Schöpfer. Es gilt wieder einmal: "Alles, worüber sie etwas wissen, das können sie nicht sein"[11] (Alfred Korsybski).

Ähnlich wie Wolinski und Charon und ebenfalls vor dem Hintergrund der modernen Physik beschäftigt sich D. Bohm mit dem Rätsel des Ichs.

Das Ich sei im Kern eine universelle Energie; alles, was ist; Gott. Ich und Ganzes seien im Grunde eines, weshalb im Hebräischen Gott 'Ich bin' genannt werde. Zugleich sei es aber verboten gewesen, sich von Gott ein Bild zu machen, Gott mit bestimmten Eigenschaften zu belegen. Dies zu vermeiden, sei sehr sinnvoll, und keineswegs eine Spezialfrage für den Religionsphilosophen. Es bestehe ein enger Zusammenhang zwischen dem Bild, das die Menschen vom Ganzen haben und dem Verständnis, das Sie von Ihrer eigenen Identität besäßen, mit weitreichenden Folgen bei "dem Versuch des Menschen, für sich selbst eine Identität zu finden. Das geschieht, wenn er sagt: 'Ich bin X, was auch immer 'X' sein mag. Aber wie ich bereits früher gesagt habe, bedeutet dieses 'Ich bin' die universelle Energie, ob es dem Menschen nun gefällt oder nicht, und 'X' bedeutet etwas Partielles und Begrenztes. Man kann darin das Wesen des individuellen und kollektiven Egoismus sehen- der die Bedeutung des Begrenzten mit dem Unbegrenzten verbindet- und deshalb sagt man 'Die Nummer 1 kommt zuerst' usw".[12]

Bohm sieht zu recht in einem falschen Begriff vom Ich die Ursache für Machtstreben, Intoleranz, Gewalt.

Ohnmachtsgefühle und willenlose Unterordnung sind ebenfalls der Preis für zu vordergründige Lösungen des Identitätsrätsel. Dies ist z.B. der Fall, wenn das Ich in irgendeiner Form geopfert oder geleugnet werden soll, ob es sich nun einer Gruppe, dem vermeintlichen Ganzen oder einem höheren Selbst unterordnen soll. Solche künstlichen und diktierten (oft auch selbst diktierten) Beschränkungen und Einteilungen führen früher oder später zu neuer Rebellion und dem ewigen Spiel von Macht und Ohnmacht, nicht aber zu einer organischen Erweiterung des Ichs. Die alten Hüte in dieser wichtigen Frage abzusetzen erfordert es, Paradoxien zuzulassen, ohne sie lösen zu wollen. Die Lösung ist vielmehr die Anerkennung des Paradoxen, in diesem Fall der chamäleonhaften Doppelnatur des Ichs.

Das läßt sich nur verstehen, indem man zugleich in sich hineinfühlt, sich neu vergegenwärtigt, was es bedeuten könnte, wenn man von sich spricht.

Was bin ich? Ich bin Musiklehrer, Arbeiter, Bankier, Wissenschaftler. Ich bin stur, aufbrausend, eitel, nachgiebig. Ich bin... Ich bin ... Bin ich die Kombination solcher Merkmale, so daß ich durch Neukombination aus verschiedenen Pools von Eigenschaften neue Ichs basteln könnte? Bin ich etwas, das wie einzelne Teile in Kisten gesteckt werden kann? Oder bin ich mehr als das, was ich oder andere an mir wahrnehmen? (Und zwar grundsätzlich und immer mehr, egal, was ich oder andere wahrnehmen).

Ich bin offensichtlich etwas, das feste Eigenschaften haben kann, in denen ich mich von anderen Ichs unterscheide. Gleichzeitig bin ich etwas, das jenseits aller festen Strukturen ist, denn ich kann mich verändern und diese Veränderung auch beobachten, was nur möglich ist, wenn ich immer der gleiche bin. Ich bin zugleich begrenzt und unbegrenzt, Konstanz und Veränderung.

Jeder kennt den Satz: 'die einzige Sicherheit im Leben ist die Veränderung'. Genauso richtig ist: 'die einzige Sicherheit im Leben ist die Konstanz', nämlich des Ichs. Es ist, glaube ich, auch in dieser Frage sehr wichtig, Paradoxien zuzulassen, denn nur so können wir uns der Wirklichkeit des Ichs richtig nähern. Natürlich gibt es auch andere, weniger erklärende und scheinbar weniger komplizierte Zugänge zu diesem Thema. Für die meisten verbindet sich überhaupt keine Merkwürdigkeit mit dem Ich oder dem Selbst, weil das Ich gewissermaßen in ihrem Rücken liegt, während sie nach draußen sehen und die Welt nach ihren Maßstäben ordnen. Schließlich sieht man die Augen auch nicht, während man die äußere Welt durch eben diese Augen betrachtet. Aber auf einmal sieht man vielleicht auch Dinge in sich, die man vorher nicht für möglich gehalten hat, und zwar immer mehr, je weniger man sich an Normen hinsichtlich der eigenen Identität hält, die man selbst oder andere aufgestellt haben. Man atmet auf, als sei man einem Gefängnis entkommen und lernt, seine neu gewonnene Freiheit zu schätzen. Man erkennt, daß es nicht einfach die Angst vor

Veränderungen war, die Ausbruchversuche aus dem Gefängnis bisher verhinderte, sondern die Angst, sich in der Veränderung selbst zu verlieren. Plötzlich sieht man, daß Ich ich bleibt, bei allen Veränderungen. Diese Erkenntnis hat weitreichende Konsequenzen. Ich muß mich jetzt nicht mehr selbst begrenzen mit meinem Selbstbildern oder den Bildern, die mir andere überstülpen wollen. Ich kann meine Besonderheit jenseits festgelegter Rollen und Bewertungen erahnen. Das ist ein äußerst wichtiger Punkt!

Wir haben oft eine Art Baukastendenken. Es scheint uns, daß Individuen gemixt werden, wie man einen Kuchen backt: etwas Mehl, ein paar Eier, eine Prise Salz, vielleicht noch ein paar gemahlene Nüsse gefällig?

Meiner Einschätzung nach ist das Individuum grundsätzlich nicht die Kombination allgemeiner Merkmale, also absolut einmalig. Daher gibt es hier eigentlich auch nichts zu vergleichen. Oft genug geht uns der Blick dafür verloren, und wir sehen uns oder den anderen als Sammelsurium von Eigenschaften, mit dem Ergebnis, daß wir uns selbst beschränken und den Respekt für uns verlieren. Wir definieren uns vielleicht als schwächer oder dümmer oder eigensinniger oder... als der andere, kritisieren und verurteilen uns dafür. Identifizieren wir unser Ich mit diesen Negativbildern, so kreisen wir nicht nur immer in gleichem Muster. Wir ertappen uns auch dabei, daß wir uns selbst nicht mehr leiden können. Selbsthaß kann nach außen hin als Haß, aber auch als sogenanntes moralisches Handeln in Erscheinung treten, z.B. im 'Dienst am Nächsten'. Viele mokieren sich über die zahlreichen Egoisten. Sie übersehen dabei, daß Liebe nicht moralisch diktiert werden kann, sondern natürlich wächst auf der Basis der Selbstliebe. Der Weg zum Du führt nur über das Ich! Aber ich will zur Ausgangsfrage zurückkommen: Gibt es das einzelne bzw. seine 'Ich - Form' überhaupt? Und: Mit welcher Art von Wirklichkeit haben wir es hier zu tun?

Das Einzelne stellen wir uns im allgemeinen als ein Ding mit festen Eigenschaften vor, gegeneinander abgegrenzt in Raum und Zeit. So treten wir einander gegenüber und begrenzen uns selbst damit. Eine andere Möglichkeit - diese bieten uns östliche Religionen, aber auch Quantentheoretiker an - besteht darin, das Einzelne als flüchtige Form einer universellen Energie zu sehen, die sich vergleichbar den Kräuselungen auf einem Meer formiert, auflöst, formiert, auflöst usw.. Nach dieser Auffassung besteht die wahre Erfüllung der Individualität in deren Auflösung (Nirwana - Vorstellung). Aber spricht nicht vieles dafür, daß das Ich eine Struktur zwischen dem Nichts (oder der buddhistischen Leere) und einer formulierten Wirklichkeit ist, bestimmte Möglichkeit, Latenz?
Die moderne Physik arbeitet mit vergleichbaren Wirklichkeitsmodellen schon sehr lange: z.B. sehen viele Quantenphysiker ein Teilchen als punktförmige Wirklichkeit, gleichzeitig aber als ausgedehnte Wahrscheinlichkeit zu existieren. Damit erhält die Wahrscheinlichkeit den Status einer Wirklichkeit (so übrigens auch in der Vielweltentheorie). Das ist ein völlig neuer Blick auf die Wirklichkeit, der uns auch bei den Betrachtungen über das Rätsel der Identität weiterhelfen kann. Gewöhnlich meinen wir, wenn wir sagen: 'es ist sehr wahrscheinlich, daß mich heute meine Freundin anrufen wird': es wird passieren oder es wird nicht passieren. Also: eines von beiden möglichen Ereignissen wird Wirklichkeit. Wir behaupten aber nicht: beides ist wirklich, als latente Wirklichkeit und eine wird für uns aktuell, erfahrbar. Genau das sagen aber viele Quantentheoretiker, und es sieht nur auf den ersten Blick wie eine belanglose Spitzfindigkeit aus, solche Thesen aufzustellen.
Die Rätsel der Materie sind keine anderen als die Rätsel der Persönlichkeit bzw. die Rätsel des Wesenskerns dieser Persönlichkeit. Beide, der Stoff und das Ich, sperren sich gegen eindeutige Definitionen, sie bleiben schillernd offen aufgrund einer Ebene von Möglichkeiten. Diese Möglichkeiten bilden

eine Art Hintergrundwirklichkeit, für Elektronen ebenso wie für einzelne Individuen unserer Alltagswelt. Meistens unterhalten wir uns bloß über die Vorderseite der Dinge, die sichtbare Wirklichkeit, und vergessen dabei deren Zusammenspiel mit der möglichen Wirklichkeit. Das, was ein Individuum als mögliche Wirklichkeit ist, ist immer weit mehr als das, was in es in Raum und Zeit ausgeformt hat. Leider werden verborgene Impulse, Talente usw. meistens ignoriert.

Und da taucht schon ein neues Problem auf. Die Möglichkeiten, die ein Individuum ausmachen, sind einerseits bestimmt, denn sonst wäre ein Individuum nichts Typisches, Einmaliges. Andererseits sind sie aber nicht bestimmbar, sonst könnte man das Einzelne auf definierte Eigenschaften reduzieren.

Bestimmt und unbegrenzt - wie paßt das alles noch zusammen? Ich gebe zu, daß das alles ein ziemlich 'harter Tobak' ist, aber ich habe keine andere Idee, die Wirklichkeit des Ichs zu umschreiben.

Ähnliches hat sicherlich auch D. Bohm im Sinn, wenn er die überragende Bedeutung des holografisches Prinzips betont. Es besagt kurzgefaßt, daß jedes Teil auch das Ganze enthält. Charon beruft sich sogar auf einen mathematischen Beweis, der angeblich eine paradoxe Logik begründen könnte. Danach bleibt, wenn sich etwas vom Ganzen absondert, notwendigerweise das Ganze als versteckte Wirklichkeit gegenwärtig.

Ich möchte diese merkwürdigen Zusammenhänge in einer kurzen Formel ausdrücken und nenne sie: das Paradoxon der 1!

Es kann sehr hilfreich sein, bei diesem Thema die Symbolik von Zahlen zu Hilfe zu nehmen.

War ein Rätsel die Frage, warum überhaupt etwas im Universum existiert, d.h. zahlensymbolisch der Übergang von 0 nach 1, so symbolisiert die '1' die eigenartig oszillierende Wirklichkeit des Einzelnen:

Die Zahl 1 bezeichnet die Einheit von Allem was ist, aber auch das Einzelne, das sich vom Ganzen trennt. Das Einzelne ist immer beides, Getrenntes und Ganzes, nur daß die Ganzheit uns meist nicht ständig oder überhaupt nicht bewußt ist, dafür aber unser Getrenntsein.

Der Physiker F.A. Wolf schreibt dazu: " 'Ich' ist überall im Universum gegenwärtig. Wir werden kein kleines Männchen in unserem Inneren finden. Es gibt keinen Homunkulus."[13] Laut Wolf gehe es um "die Vergegenwärtigung, daß 'Ich' das ganze Universum bin, wenn ich bereit bin, mich hinlänglich zu entwickeln, um das zu gewahren."[14]

Wenn wir uns getrennt fühlen, haben wir Angst, passen uns an, ordnen uns unter oder streben nach Macht über andere. Das Ganzheitsbewußtsein ist dagegen keine andere Form der Unterordnung, etwa unter einzelne Autoritäten, den Staat oder sogenannte göttliche Gesetze, die ja bekanntlich meist von Menschen gemacht werden. Auf die Gefahr hin, als Ketzer verschrien zu werden: Es gibt gar keinen Widerspruch zwischen 'Ich will!' und 'Dein Wille geschehe!' Dieser Widerspruch tritt nur dann auf, wenn ich mein Ich in den althergebrachten Bildern von Kleinheit, Bedeutungslosigkeit, Verlorenheit betrachte. Vertraue ich dagegen auf mich selbst, so kann ich mich auch von einengenden Selbstbildern befreien und meine wirkliche Essenz ausdrücken, ohne daß irgendwelche traumatischen leidvollen Erfahrungen, letztlich selber angezettelt, mir meine wirklich Größe vergegenwärtigen. Dann trete ich gewissermaßen mit mir selbst in Resonanz. Solche Selbstinterferenzen führen uns auch Photonen vor, die beispielsweise durch einen Doppelspalt gehen: Sie beginnen ihre Wanderung als einzelne Teilchen, gehen wellenförmig durch zwei Spalte und treffen dahinter als Teilchen auf einen Schirm wieder auf. Sie oszillieren also gewissermaßen zwischen ihrem Einzel- und ihrem Ganzheitsdasein.

Die Schlußfolgerungen aus diesem Kapitel sind mannigfaltig, und sie werden in anderen Kapiteln wieder aufgenommen. Das Wichtigste ist an dieser Stelle vielleicht folgendes:

Um zu sich selbst zu finden und damit auch den Anschluß an die eigene Ganzheit, ist es weder nötig, irgendwelche Verrenkungen zu machen, viel Wissen anzuhäufen, Busse zu tun, sich einer Sekte anzuschließen, Karma abzuarbeiten usw.. Es ist einzig und allein nötig, sich selbst zu vertrauen. Dies ist der Weg der Erweiterung des Ichs und nicht der Weg eines quälerischen Kotaus, vor wem auch immer, aber meist im Gefühl tiefer Schuld.

Selbstvertrauen bedeutet auch Vertrauen auf die eigenen Impulse (die innere Stimme oder ähnliches). Es bedeutet, nicht die Mühe, sondern die Freude in den Mittelpunkt des Lebens zu stellen. Es bedeutet, sich von einengenden Selbstbildern zu befreien. Es bedeutet im Grunde zu tun, was man wirklich will. Wer meint, das tue doch jeder, der irrt sich gewaltig, sieht man einmal von Kindern ab, die zumindest in ihren Willensäußerungen unbelasteter sind. Wie oft fragen wir uns insgeheim: Dies und jenes würde ich gerne tun, aber es steht mir nicht zu. Wie oft handeln wir gegen unseren Willen aus falscher Rücksichtnahme! Oder weil wir Angst haben vor Verlusten! Weil wir uns wohlfühlen mit unserer 'Vollkaskomentalität'! Weil wir Angst haben vor Liebesentzug? Weil Schuldgefühle uns quälen!

Jeder kann diese Dinge nur bei sich selbst erkunden, aber ich bin sicher, daß fast jeder hier fündig wird (ich selbst eingeschlossen). Vielleicht wäre eine Revolution des Selbstvertrauens eine der größten Revolutionen in der Menschheitsgeschichte. Es wäre eine Revolution, die nur von Einzelnen getragen wird. Und sie würde unsere Welt radikal verändern.

Physik an der Grenze zum Geistigen

Der " Doppelspaltversuch " - ein einfaches physikalisches Phänomen und seine weitreichenden Folgen

Um die grundlegenden Rätsel der Quantenphysik zu verstehen, muß man kein Physiker sein. Man muß sich nicht in seitenlange mathematische Herleitungen vertiefen. Man muß auch nicht auf dem neuesten Stand physikalischer Forschung sein oder extravagante neue theoretische Modelle kennen.
Daß das zentrale Geheimnis der Quantentheorie im Doppelspaltexperiment stecke, äußerte einmal R.. Feynman, Physiker und Nobelpreisträger. Dieses Experiment verschlingt nicht etwa viel Geld , verlangt keine komplizierten experimentellen Aufbauten, sondern ist so einfach, daß jedermann diesen Versuch mit minimalen Aufwand selbst durchführen kann:
Angenommen, wir werfen in ein beliebiges Wasserbecken einen Gegenstand, sagen wir einen Kieselstein, so können wir beobachten, wie sich von der Einschlagstelle ein Wellenmuster ausbreitet. Treffen diese Wellen nun auf eine Barriere mit einem Schlitz, zu breiten sich die Wellen hinter dem Schlitz genauso wie in der Umgebung des aufschlagenden Kieselsteins aus. Der Schlitz funktioniert wie eine zweite Quelle der Wellenentstehung. Verwendet man anstelle der Barriere mit einem Schlitz eine mit zwei Schlitzen, so überlagern sich die beiden Wellenzüge hinter den Schlitzen, wodurch sich die Wellen an bestimmten Stellen verstärken, an anderen auslöschen (Wellenberg + Wellenberg =Verstärkung, Wellenberg plus Wellental gleich Auslöschung). Diese Erscheinung bezeichnet man als Interferenz. Young führte dieses Experiment 1803 mit Licht durch und beobachtete auf einem Schirm hinter der Barriere eine Anordnung von hellen und dunklen Streifen, die sogenannten Interferenzstreifen,

womit bewiesen zu sein schien, daß Licht eine sich ausbreitende Welle ist. Inzwischen gibt es aber genauso viele Belege dafür, daß Licht aus Teilchen, sogenannten Photonen, besteht oder genauer, sich wie Teilchen verhält. Inzwischen ist man in der Lage, einzelne solcher Photonen auf die Reise zu schicken. Ein solches Experiment ist tatsächlich Mitte der achtziger Jahre durchgeführt worden. Das Ergebnis ist völlig verblüffend und bestätigte erneut die Rätselhaftigkeit des Vorgangs. Zu erwarten wäre, daß sich die einzelnen Photonen jetzt wie kleine Kugeln verhalten, d.h. entweder durch den einen, den anderen Schlitz oder gar nicht durchgehen und entsprechende Spuren auf einem Schirm hinter der Barriere hinterlassen. Nachdem wir nacheinander, sagen wir, tausend Photonen losgeschickt haben, beobachten wir auf dem Schirm wieder das gleiche Interferenzmuster von hellen und dunklen Streifen. Im Klartext: Das einzelne Photon muß irgendwie gewußt haben, daß beide Spalte offen waren und sich dementsprechend verhalten haben. Es verhält sich so, als würde es sich mit sich selbst überlagern. Wie aber ist das möglich bei etwas, was wir für ein, wenn auch noch so kleines, Objekt halten ? Es ließe sich einwenden, Licht sei sowieso etwas sehr Rätselhaftes, zumal die einzelnen Photon in Ruhe gar keine Masse hätten, was ja eh schwer vorstellbar ist. Aber das Experiment funktioniert auch mit Elektronen, ja sogar Atomen! Inzwischen gibt es unzählige Varianten des Doppelspaltexperimentes, die allesamt immer wieder bestätigen: Photonen, Elektronen, Atome scheinen ausgedehnt und punktförmig zugleich zu sein. Es ist nicht das eine oder das andere, wenn es die Quelle verläßt. Seine Daseinsform ist nicht fixiert. Selbst wenn man zum Beispiel versucht, ein Elektron zu überlisten und einen Spalt versperrt, bevor es die Barriere erreicht, aber nachdem es die Quelle verlassen hat, dann aber den Spalt blitzschnell wieder öffnet, zeigen sich die gewohnten Interferenzbilder. Versucht man andererseits nachzuweisen, durch welchen Spalt das Elektron hindurchgeht, verschwinden die Interferenzerscheinungen. Es verhält sich wie ein Teilchen!

Ich möchte mit ersten Deutungsversuchen (das Photon ist punktförmig und ausgedehnt zugleich) nicht den Eindruck erwecken, als seien damit die Rätsel gelöst, zumal dies ja etwas eben so Merkwürdiges ist: ein Objekt, das im Raum und Zeit lokalisierbar und gleichzeitig nicht lokalisierbar ist.
In der Tat haben sich Physiker seit den zwanziger Jahren mit Erklärungsversuchen herumgeschlagen, oft sogar mehr unwillig als mit Begeisterung. Schrödinger, einer der führenden Köpfe damals und Entdecker der nach ihm benannten Wellengleichung, soll einmal sinngemäß gesagt haben, wenn das alles stimme, bereue er, sich jemals mit Quantenphysik beschäftigt zu haben. Photonen, Elektronen als unerklärliche Phänomene? Davon hört man in der Schule oder während eines Physikstudiums sehr wenig. Die Rätsel gehen im Formelkram unter. Solange wir berechnen können, wo helle und dunkle Interferenzstreifen auftauchen, scheinen wir zu verstehen. Oder doch nicht? Warum sollen wir verstehen, was zum Beispiel ein Elektron ist? Es reicht doch, in seinem Umkreis Berechnungen anstellen zu können. Eine Gruppe von Physiker vertrat und vertritt auch diesen Standpunkt. Eine große Zahl exzellenter Physiker ließ die Suche dennoch keine Ruhe. Und so folgten den Experimenten verschiedene Deutungen, die zu erklären versuchten, was in der Welt des Allerkleinsten eigentlich vor sich geht. Diese Deutungen spiegelten natürlich auch die philosophischen Grundideen ihrer Urheber wider. Sie zeigten, was die einzelnen unter dem verstanden, was wir mit dem Begriff "Wirklichkeit" umschreiben. Bei aller Klarheit darüber, daß auch ein physikalisches Experiment unterschiedliche Interpretationen zuläßt, darf nicht vergessen werden, daß es auch völlig unstrittige Punkte gibt. Diese sind, soweit ich sehe:

1) die Vorgänge sind rätselhaft und widersprechen deutlich vielen unserer gewohnten Alltagsvorstellungen, vor allem was Raum und Zeit angeht, das heißt:

2) Quantenphysikalische Objekte sind auf eine eigenartige Weise miteinander verbunden, und zwar ohne daß Raum und Zeit eine Rolle zu spielen scheinen (Stichwort Nichtlokalität), daraus folgt:

3) Teilchen sind nicht isolierte Partikel, sondern zu jeder Zeit mit dem Ganzen verflochten, in gewissem Sinn enthalten sie das Ganze (holografisches Prinzip).

Man muß sich das noch einmal 'auf der Zunge zergehen lassen': im Mikrokosmos der Quantenwelt stimmen unsere Ideen von einem ausgedehnten Raum und einer von der Vergangenheit in die Zukunft ablaufenden Zeit nicht mehr. Ob hier Zeit überhaupt nicht existiert, wie einige Physiker meinen oder eventuell rückwärts läuft, mag zunächst dahingestellt bleiben. Betrachten wir hierzu noch einmal kurz das Doppelspaltexperiment: Schicken wir einzelne Photon nach und nach auf die Reise, so erhalten wir nach einiger Zeit dasselbe Interferenzbild, wie wenn wir eine lichtstarke Quelle verwenden, bei der sich das Interferenzmuster augenblicklich abzeichnet. Das bedeutet, daß sich die Photonen irgendwie über die Zeit hinweg darüber verständigen müssen, wie das gemeinsame Resultat, nämlich das Muster, aufgebaut wird. Anders gesagt: wenn Photon 1 einen bestimmten Punkt des Schirms trifft, so darf, eine bestimmte Anzahl Photonen vorausgesetzt, nur noch eine begrenzte Zahl danach ausgesandter Photonen den gleichen Punkt erreichen! Andernfalls entstünde nicht die zu erwartende Abfolge heller und dunkler Streifen.

Alle Experimente der neunziger Jahre, die der Gründung des Wesens von Licht gewidmet waren, zeigten ähnlich rätselhafte Effekte. Und zwar ohne Ausnahme! Zuletzt machte eine österreichische Forschungsgruppe unter Leitung von Anton Zeilinger von sich reden, der es gelang, Photonen oder genauer deren Informationen von einer Stelle zu einer anderen zu "beamen ", und zwar ohne Zeitverzug. Wie in den anderen Lichtexperimenten erwies sich, daß Photonen, die einmal miteinander verbunden waren, sogenannte verschränkte Photonen, diese Verbindung niemals verloren, egal wie weit sie voneinander entfernt waren. Wurde an einem Photon eine Messung vorgenommen, so stellte sich das Geschwisterphoton augenblicklich darauf ein und tat dann genau das Gegenteil. Wurde z.B. bei Lichtteilchen A eine horizontale Welle gemessen, so zeigte Teilchen B eine Schwingung in vertikaler Richtung und umgekehrt - ein erneuter Beleg für die 'Teilchentelepathie' oder die 'Nichtlokalität' in der Quantenwelt! Räumliche Distanzen scheinen keine Rolle zu spielen, denn es ist egal, ob die beiden Photonen drei Meter oder drei Millionen Kilometer voneinander trennen.

Seit 70 Jahren mühen sich Physiker und Philosophen, Erklärungen für dieses verrückte Geschehen zu finden. Seitdem kursieren viele Modelle, die darüber spekulieren, warum das Photon solch 'übersinnliche Talente' hat. Es würde zu weit führen, auf diese Modelle im einzelnen einzugehen, sinnvoller ist es für unseren Rahmen, diesen Modellen Grundauffassungen von Wirklichkeit zuzuordnen, um anschließend darüber zu sprechen, was das alles mit unserem Alltag zu tun hat.
Im Wesentlichen haben sich folgende Hauptströmungen herauskristallisiert:
1) Das Photon ist kein Ding in unserem gewöhnlichen Sinn und beschreibt auch keine Bahn wie ein Ball oder irgendein größerer Gegenstand. Es hat lediglich die Tendenz, irgendwo oder irgendwie zu sein , d.h. Ort und Eigenschaften sind nicht klar definiert, sondern existieren lediglich als Wahrscheinlichkeit oder Wahrscheinlichkeitswelle (Kopenhagener Deutung). Andere Variante: eine Beobachtung

ist eine Wechselwirkung mit dem Phänomen Licht, wodurch wir uns als Beobachter von einem außerhalb von uns liegenden Beobachteten trennen. Deshalb wissen wir eigentlich nicht, was Licht ist (Welle, Teilchen oder irgend etwas anderes), dennoch existiert es auch ohne unsere Beobachtung (Davidson, Wolinski).

Die beiden Varianten unterscheiden sich also in der Frage, ob der Beobachter bewirkt, daß sich Photonen gewissermaßen materialisieren.

2) Licht besteht aus Teilchen mit klar definierten Bahnen, wobei es durch verschiedene Mechanismen Informationen über seinen Weg erhält:

Eine Möglichkeit: Den Raum durchzieht ein Feld, ein sogenanntes Quantenpotential, das für Informationsübertragungen keine Zeit verbraucht (Bohms verborgene Parameter), oder ein Äther (Puthoff u. a.). Andere Möglichkeit: Jedes Teilchen sendet Wellen in die Zukunft, empfängt aber von anderen Teilchen Wellen aus der Zukunft, so daß durch diese 'Zeitreise' Informationen ohne Zeitverzug ausgetauscht werden.

Dritte Möglichkeit: Jedes Photon existiert in vielen Varianten und Welten gleichzeitig (in einer Welt an diesem Ort,   in einer anderen an einem anderen), so daß es um alle Bedingungen in der Welt jederzeit 'weiß', also auch beispielsweise um den experimentellen Aufbau eines Doppelspaltexperimentes (David Deutsch u.a., Vieleweltentheorie).

Der Physiker Zajonc erläuterte die beiden Sichtweisen bündig: "Nach der einen Auffassung befindet sich der quantenmechanische Wirklichkeitscharakter in einem verborgenen Medium (Bohm, Hiley), nach der anderen ist er in das Photon selbst integriert."[15]

Ein Vergleich mit Grundströmungen menschlichen Denkens zeigt, daß Sichtweise 1 östlichen Philosophien verwandt ist, wonach die Objekte unserer Außenwelt erst durch unseren Beobachtungsakt aus der ursprünglichen Ganzheit herausgerissen werden und als isolierte Partikel erscheinen. Westliches Denken ging in seiner Hauptströmung davon aus, daß die sinnlich wahrgenommenen Gegenstände der Außenwelt tatsächlich als getrennte Einheiten existieren, daher muß der Zusammenhang und die Kommunikation zwischen den getrennten Objekten durch ein zusätzlich angenommenes Feld ermöglicht werden. H.P. Dürr verdeutlichte den Unterschied der zwei Sichtweisen mit den Begriffen 'Kommunion' und 'Kommunikation'. Kommunikation erfordert getrennte Einheiten, sie wird unsinnig, wenn alles in ursprünglicher Einheit miteinander verbunden ist (Kommunion). Zajonc weist zu recht darauf hin, daß eine Synthese der beiden Grundanschauungen nötig ist, auch wenn, wie ich meine, eine solche Synthese zu haarsträubenden, aber notwendigen Paradoxien führen wird.

Ob Bohm oder Kopenhagener Deutung: "Die Quantenphänomene zeigen, daß die Welt zumindest auf der Quantenebene grundsätzlich anders ist als unsere Wohnzimmerwelt der Sofas und Sessel. Ihre Struktur ist anders, ihre Ordnung unvertraut; doch trotz allem ist sie nicht weniger wirklich ... Nach meiner Meinung ist es deshalb weit weniger wichtig, welche Theorie wir für wahr halten, als zu sehen, was sie alle gemeinsam haben. Jede zeigt aus einer anderen Richtung auf einen gemeinsamen Kern."[16]

Weitergehende Schlußfolgerungen

Wenn die Natur des Lichts für uns auch im Dunkeln bleibt, so zeigt das Doppelspaltexperiment und ähnliche Versuche Eigenschaften der Materie, die über das Materielle in den Bereich des Geistigen hineinreichen. Denn offensichtlich ist Licht nicht nur etwas, was uns den Weg beleuchten hilft (im wortwörtlichen Sinn), sondern auch fähig, Informationen zu erhalten und zu verwerten. Dasselbe gilt für Elektronen und sogar Atome. Anders ist das Verhalten dieser Teilchen bei

diesen Experimenten kaum zu erklären. Es ist gut möglich, daß uns Licht ein Rätsel bleibt, solange wir es nur als bewußtloses, geistloses Objekt begreifen. Mögliche Zusammenhänge zwischen Physik und Bewußtsein beschäftigen Physiker besonders seit der Entstehung der Quantenphysik. So führte z.B. Max Planck, einer der Begründer der Quantentheorie, "... die Tatsache, daß die Photonen von allen möglichen Kurven immer diejenigen auswählten, die sie am schnellsten zu ihrem Ziel bringe, auf eine höhere Intelligenz zurück."[17] Viele Physiker dieses Jahrhunderts äußerten ähnliche Gedanken, wie z.B. der französische Physiker Charon oder die amerikanischen Physiker Wigner und Cochran. Letzterer sagte einmal: "Die Elementarteilchen der Materie besitzen erste Anklänge einer Willenskraft, Selbstaktivität oder eines 'Geistes'; auf diesen Wesenszug könnten die grundlegenden Eigenschaften der Quantenmechanik zurückzuführen sein."[18]
Bischof kommentiert Cochrans Ideen zusammenfassend mit den Worten: "Cochran hält die spirituelle und die physikalische Dimension unserer Wirklichkeit für zwei Seiten der gleichen Medaille, die sich je nach Betrachtungsweise als Ausdruck des Wellen- oder Feldaspektes oder des Teilchenaspektes offenbart."[19]

Bedeutung von Informationen, deren Austausch und Speicherung

Man achte genau auf die Wortwahl in diesem Zitat: unsere Wirklichkeit wie auch die atomare Wirklichkeit hat danach einen Wellen- und Teilchenaspekt, , wie sie entsteht und was sie letztendlich ausmacht, ist vollständig rätselhaft. Sicher scheint für meine Begriffe vorerst nur zu sein, daß Information und Energie paarweise auftreten und atomaren 'Teilchen'

Informationen zur Verfügung stehen, ohne daß wie bei einem herkömmlichen Signal Raum und Zeit eine Rolle zu spielen scheinen. Stehen das Elektron oder das Photon vielleicht mit einem Bein in einer raumzeitfreien Dimension, in der letztlich keine getrennten Objekte existieren (im Sinne der Dürr'schen Kommunion)? Unbeweisbare Spekulation? Sicherlich, aber gerade deshalb vielleicht der Wahrheit etwas näher! Denn es ist äußerst unwahrscheinlich, daß wir mit den uns gerade zur Verfügung stehenden Beobachtungsinstrumenten, die im übrigen ja durch immer neu erfundene ersetzt werden, das entdecken werden, was die Welt im Innersten zusammenhält. Daß Materie ihrem Wesen nach nur materiell sei, ist eine unbeweisbare und heutzutage eigentlich überholte Idee, jedoch immer wieder hervorgezaubert, um wissenschaftliche Erkenntnis vom sogenannten Aberglauben oder geistiger Spekulation zu unterscheiden, die so mit einem Federstreich ins Land der Fabeln verbannt werden soll.

Informationen wird man unter einem Elektronenmikroskop nicht finden, ebenso keine Gedanken, denn diese sind unsichtbar. Informieren bedeutet eigentlich 'in eine Form bringen' und von dieser Bedeutung her könnte Information etwas sein, was die Formen der materiellen Welt, Raum, Zeit und Materie erst hervorbringt, damit aber auch ihren Zwillingsbruder 'Energie'. Das Unsichtbare als Quelle des Sichtbaren? Einigen wird das jetzt vielleicht zu viel. Aber bei genauerem Hinsehen oder 'Hindenken' muß man feststellen, daß genau dies in unserem Leben ständig vorkommt! Oder könnten wir in körperlicher Form existieren, wenn nicht unsere DNS die Anweisungen enthielte, wie ein paar chemische Bausteine zu Organen, Haut, Knochen, Augen, Gehirn, Nerven... verarbeitet würden? Und wie überaus komplex diese Körperteile zusammenarbeiten!

"Halt, halt!" Höre ich jemanden rufen: "Die DNS ist auch materiell, d.h. aus Materie wird andere Materie, nicht aber aus etwas Unsichtbarem." Aber ist denn die Information in den stofflichen Bestandteilen der DNS zu finden oder in deren Anordnung? Information darf eben nicht mit den Trägern oder Codierungsformen von Informationen gleichgesetzt werden. Das klingt etwas kompliziert, ist es aber gar nicht. Beispiel 'Nachrichten im Radio': Zunächst müssen Informationen über Tagesereignisse in Sprache übersetzt, korrigiert werden, ein Vorgang, der ständig in unserem Leben abläuft, ohne daß wir uns bewußt sind, daß Gedanken nicht gleichzusetzen sind mit einer sprachlichen Lautfolge.

Dann werden Schallwellen in elektromagnetische Wellen umgewandelt und einer Trägerwelle aufgepfropft, die das Sprachsignal von einem Ort zu einem anderen überträgt. Wenn wir die Nachrichten in unserem eingeschalteten Radioempfänger hören, läuft der Vorgang umgekehrt: das elektromagnetische Signal wird in ein akustisches umgewandelt, dieses erreicht unser Ohr, und die darin enthaltenen Informationen werden von uns aufgenommen, verstanden. Zu der uns vertrauten Informationsübertragung gehören eine nichtmaterielle Information, eine physische Verkleidung der Information (deren Codierung) und ein Übertragungsmittel. Als oberste Grenze für die Geschwindigkeit einer solchen Signalübertragung gilt allgemein die Lichtgeschwindigkeit (ungefähr 300.000 km/Sekunde).

In dem erwähnten 'Photonenbeamexperiment' von Zeilinger und ähnlichen Versuchen der letzten 20 Jahre gelangen Informationen offensichtlich ohne Zeitverzögerung von einem 'Teilchen' zum anderen.

Licht scheint also in beiden Welten 'zu Hause zu sein' und dort Informationen auszutauschen: es breitet sich im Raum und in der Zeit aus, z.B. auch im menschlichen Körper (siehe dazu die von Popp erforschten Biophotonen) und übermittelt so Informationen mit Lichtgeschwindigkeit, es tauscht gleichzeitig Informationen in einer raumzeitfreien Dimension aus.

Sehr gut möglich, daß auch unsere Gedanken mittels eines uns unbekannten Trägers übermittelt werden, Zeit verbrauchen wie eine sich ausbreitende elektromagnetische Welle und zeitlose Spuren in einer anderen Dimension hinterlassen.

Wo werden nun Informationen gespeichert? Gibt es neben materiellen Speichermedien (z.B. Zell-DNS, Festplatte eines Computers, CD's usw.) geistige Felder, die Informationen speichern, wie der Biologe Sheldrake annimmt (Theorie der morphischen Felder)? Sind diese morphischen Felder ebenfalls raumzeitlos (eine weitere These Sheldrakes)?

In welcher Beziehung stehen solche Felder zur Entstehung neuer Informationen, also zur Tätigkeit schöpferischen Bewußtseins?

Besitzt jedes physische Objekt irgendeine Form von Bewußtsein und ist es als Bewußtseinsform mit einem Gesamtbewußtsein verbunden?

Ist die materielle Welt eine Manifestation dieses Gesamtbewußtseins, eine Art göttlicher Traum, in dem jede Form von Bewußtsein eine aktive Rolle spielt?

Es spricht sehr viel für die hinter diesen Fragen stehenden Annahmen. Mehr will ich an dieser Stelle dazu nicht sagen. Es bleibt zu betonen, daß die Physik offensichtlich selbst nicht mehr daran vorbeikommt (siehe Doppelspalt- und verwandte Experimente), die steuernde Rolle von Informationen sehr hoch zu veranschlagen. Eine Physik, die sich nur auf die energetische Seite der Dinge konzentriert, die die Rolle von Informationen und letztlich Bewußtsein ausklammert, hat schon jetzt keine Zukunft mehr. Die Entwicklung der Physik selbst läßt keinen anderen Schluß zu!

Plausibilität oder 'objektiver Beweis'

Wer ein wenig näher in die Physik, speziell die Quantenphysik, 'reinriecht', muß feststellen, daß ihre Theoretiker neue Theorien oft ganz einsam und ohne direkten Bezug zur Experimentalphysik formulierten. Keinesfalls folgten aus Experimenten neue Theorien, eher aus neuen Theorien andere Experimente, die diese Theorien bestätigten oder widerlegten.
Schrödinger hat z.B. seine bekannte Wellengleichung geraten und manches Lehrbuch leitet sie heute in Form einer Plausibilitätsbetrachtung her.
Die großen Physiker dieses Jahrhunderts haben diesen Tatbestand klar durchschaut, ein Tatbestand, der übrigens auch für andere Naturwissenschaften gilt, nur bei der Physik als angeblich so objektiver und mathematisch strenger Wissenschaft so sehr erstaunt. Physiker -man verzeihe mir die Polemik - die sich in einer Art von schizophrenem Zustand befinden, indem sie ihr wissenschaftliches Streben von ihrem sonstigen Leben abkoppeln, werden mir allerdings heftig widersprechen.
Zunächst einmal gilt meiner Ansicht nach ganz allgemein: jeder Mensch hat eine Art individueller Philosophie, ein Sammelsurium von Grundglaubenssätzen, von denen die einzelnen Glaubenssätze des Alltags abhängen, die sie strukturieren. Wenn ich die Welt in Gut und Böse einteile, so werde ich dazu neigen, andere Menschen zu bewerten und der einen oder anderen Kategorie zuzuordnen. Ich werde meine Erkenntnis sicherlich im täglichen Leben bestätigt sehen. Erkennen ist nie bloße Sinneswahrnehmung oder wissenschaftliches Experimentieren, daß sich dann in Wissen, Fachwissen usw. niederschlägt. Der Glaube an einen rein objektiven Erkenntnisprozeß - die landläufig bevorzugte Alltagsphilosophie - nährt auch das Vertrauen zu den sogenannten Experten.

Erkenntnis ist vielmehr der Versuch, innere Bilder, die aus Glaubenssätzen gespeist werden oder solche erzeugen, mit äußeren Wahrnehmungen in Übereinstimmung zu bringen. Deshalb kann auch der Nicht-Physiker in physikalischen Fragen, der Nicht-Mediziner in medizinischen Fragen, der Nicht-Psychologe in psychologischen Fragen grundsätzlich kompetent mitreden. Ganz im Gegensatz zur Froschperspektive des sogenannten Experten steht die Erkenntnis, daß sich die Welt nicht in Fachbereiche zerteilen läßt, sondern eine Einheit ist, von der jeder einzelne eine mehr oder minder bewußte Vorstellung hat.

Letztlich steht heute Synthese an, auch die zwischen exakter Wissenschaft und philosophischer Reflexion, wobei die Synthese der eigenen Innenwelt den größten Vorrang hat - eine Aufgabe, die jeder einzelne allerdings nur für sich selbst und in seiner eigenen Weise bewältigen kann. Aber zurück zum Hauptthema!

Das, was uns als gesichertes Wissen erscheint, ist nur eine bestimmte Art der Verknüpfung innerer Visionen und äußerer Wahrnehmungen, wozu auch Experimente gehören. Wie wenig daran gesichertes Wissen ist, zeigt sich in allen Umbruchphasen, wie auch in der jetzigen. Eines der hervorstechenden Merkmale dieses Umbruchs in der Physik (mit allen Folgen für andere Naturwissenschaften und philosophische Betrachtungen) ist gegenwärtig die Wiederauferstehung des Äthers, der Ende letzten Jahrhunderts von der Gemeinde der Wissenschaftler zu Grabe getragen wurde. Die Folgen sind weitreichend: Einsteins Relativitätstheorie, deren Geburt der Tod des Äthers ermöglichte, wird heute längst nicht mehr als unumstößliche Theorie angesehen, sondern findet manche Kritiker (dazu will ich allerdings keine eigene Wertung abgeben!). Die Vision von unerschöpflichen Energien (Äther, Vakuumenergie, Tachyonenfeld sind verschiedene Begriffe dafür), die uns umgeben, kann nicht nur eine gigantische technische

Revolution auslösen, sie wird auch die Sichtweise unserer Welt von Grund auf verändern. Die Physik ist nicht länger eine abstrakte Wissenschaft mit viel Mathematik und vielen sicheren Lehrsätzen. Selbst die berühmten Forscher, die der klassischen Physik zugerechnet werden, erscheinen plötzlich in einem neuen Licht. Erschöpft sich Newtons Gedankenwelt in seinen nach ihm benannten Gesetzen? Hatte er sich die Welt so mechanisch gedacht, wie spätere Generationen ihm unterstellten? Ist Maxwell auf seine Feldgleichungen reduzierbar? In seinen eigenen Veröffentlichungen geht er über eine Standardformulierung von vier Maxwellschen Gesetzen weit hinaus, diese stammt von Heavyside und hat danach Eingang in die Lehrbücher gefunden. Erst heute werden weiterreichende Gedanken von Maxwell wie auch sehr moderne Gedanken und Experimente von Faraday gewürdigt.

Die Quantentheorie, die schon viele ihrer Entdecker - oder sollte man Erfinder sagen - um den Schlaf brachte, ist heute, 80 Jahre nach ihrer Entstehung, so aktuell wie nie zuvor und Quelle vieler Rätsel und Fragen. Sie zeigt, daß wir weder Herkunft und Struktur der Materie noch den Zusammenhang zwischen den verschiedenen Naturkräften wirklich verstehen. Offen ist auch, welche Rolle Zahlen (Berechenbarkeit) und das Bewußtsein des Beobachters bei dem Versuch spielen, Naturvorgänge zu verstehen.

Der Umbruchprozess, in dem wir uns befinden, ist nicht einfach nur ein Ergebnis neuer Experimente, die darauf hindeuten, daß sich die Wirklichkeit nicht den alten Lehrsätzen beugen will- diese gibt es allerdings auch. Er steht auch im Zusammenhang mit den Veränderungen innerer Visionen einer immer größer werdenden Zahl von Menschen. Von Einstein und nicht etwa von einem Romanautor stammt der Satz "Phantasie ist wichtiger als Wissen". Große Visionäre waren die Begründer der Quanten-und Relativitätstheorie, wohinter für unsere Betrachtung zurücktreten sollte, ob sich beide Theorien vereinen lassen oder nicht. Denn genau diese Frage ist meiner

Einschätzung nach keine bloße Angelegenheit eines ausgeklügelten mathematischen Formalismus, deren Lösung erfordert die Beschäftigung mit den gedanklichen Hintergrund, der beiden Theorien zugrunde liegt, und damit auch der jeweiligen eigenen Weltphilosophie.

Berechnet werden konnten die Planetenbahnen auch unter der Annahme, die Gestirne kreisten um die Erde (ptolemäisches Weltbild der Antike und des Mittelalters). Berechenbarkeit ist also kein Maßstab und Kriterium für den Wahrheitsgehalt einer Idee. Im übrigen stünde es uns gut an, nicht ständig über die Einfalt unserer Ahnen zu lächeln, während wir unsere Aufgeklärtheit in den Himmel preisen. Das ptolemäische Weltbild enthält nämlich immer noch eine wichtige Lehre und Vision für unsere Zeit, die ich in dem Satz fortsetzen würde: "Jeder einzelne ist Zentrum seines Universums!"

Eine solche 'Fortsetzung des ptolemäischen geozentrischen Gedankens mit anderen Mitteln' wird vielen Menschen heute als asozial und egozentrisch erscheinen. Daß dieser Vorwurf völlig unberechtigt und letztlich nur dazu geeignet ist , unsere Freiheit zu beschneiden, versuche ich an vielen Stellen dieses Buches zu belegen. Einstein bemerkte 1946, daß ein neuer Denktypus unentbehrlich sei, "wenn die Menschheit fortleben und sich höher entwickeln will."[20] In meiner Vorstellung wird ein solcher neuer Denktypus über ein höheres Maß an Selbstwahrnehmung und der Fähigkeit verfügen, Verstand, Gefühl und Intuition zu vereinen. Auf dieser Grundlage wachsendes differenziertes Denken wird sich nicht mehr durch die Konstruktion scheinbarer Widersprüche täuschen lassen, die sich hervorragend zur Manipulation eignen. Dazu zwei Beispiele:

1) In den Sozialwissenschaften gibt es die bekannte ewige Diskussion, ob die Erbanlagen oder die Umwelt den Menschen in seinen Talenten und seinem gesamten Lebensweg prägen. Bei dieser Diskussion streiten sich die Kontrahenten um Prozente: Sind die Gene zu 30, 40, 70, 80 oder sonstwie

bestimmend? Ganz egal welche Position man in diesem Streit einnimmt (ich glaube, im Moment führen wieder die 'Genetiker'): Die Diskussion erweckt den Anschein, als gebe es nur zwei Alternativen, zwischen denen man sich entscheiden müsse. Nach Art einer klassischen logischen Untersuchung wird suggeriert, daß etwas Drittes nicht möglich sei (tertium non datur). Bei dieser Fragestellung handelt es sich aber überhaupt nicht in erster Linie um einen logisches Problem, bei dem man sich zwischen zwei angeblich widersprüchlichen Faktoren entscheiden müßte. Der eigentliche Widerspruch, den diese Diskussion im Hintergrund begleitet, ist der zwischen inneren und äußeren Faktoren. Dann bedient man sich zweier Gleichungen: innere Faktoren = Gene, äußere Faktoren =Umwelt. Wo bleibt da der freie Wille, Entscheidungsfreiheit und die Selbstverantwortung für mein Leben? Sind das nicht ganz entscheidende innere Faktoren? Oder werde ich durch meine Gene einfach 'nahgesteuert'?

2) Bei einem zweiten Thema, diesmal aus dem Bereich Medizin verhält es sich ganz ähnlich. Da wird der Geistheiler heftig attackiert, weil seine Therapieversuche völlig wirkungslos seien und gefolgert, es sei doch besser und heilsamer, Pillen zu schlucken. Letztlich haben aber der Heiler, der behauptet, er heile jemanden allein mit seinen geistigen Kräften, und der Pharmaproduzent, der alle auf die Wirkung seiner Pillen einschwören will, etwas Gemeinsames:

Sie unterschätzen oder leugnen sogar den Einfluß des kranken Menschen selbst bei seiner Genesung. Eine optimistische Einstellung zum Leben und der Glaube an die Wirksamkeit der Therapie, ob geistiger oder chemischer Art, sind nun einmal wichtige Faktoren eines Heilungsprozesses. Tertium datur!

Zufall und Notwendigkeit als falsche Widersprüche

Jacques Monod widmete dem Thema Zufall und Notwendigkeit ein Buch, zog diese Begriffe zur Erklärung der Evolutionsgeschichte heran. Physiker und Philosoph stritten und streiten sich darüber, ob quantenmechanische Einzelvorgänge nicht doch von physikalisch verborgenen Kräften gesteuert werden oder ob sie völlig unbestimmt sind. Es ist nicht zu leugnen, daß die Heisenbergsche Unbestimmtheits-(Unschärfe-)relation ihren einmal reklamierten Platz in der Physik bis jetzt behauptet hat. Danach lassen sich der Ort und der Bewegungszustand eines Quantenobjekts nicht gleich genau bestimmen.

Messe ich z.B. den Ort ganz genau, dann weiß ich nicht, wie schnell und wohin sich das Teilchen bewegen wollte. Aber selbst wenn ich den Ort gar nicht messe, sondern lediglich die Möglichkeit habe, diesen mittels eines bestimmten Versuchsaufbaus zu messen, versteckt das Photon oder ein anderes Quantenobjekt bestimmte Eigenarten oder Seiten seiner Individualität. Je genauer man hinschaut, desto mehr Geheimnisse hat es uns gegenüber. Einstein war eine solche Unbestimmtheit ein Dorn im Auge, da er nicht einsehen konnte, daß Naturvorgänge rein zufällig ablaufen. Daß der 'Alte nicht würfle', war seine erklärte tiefe Überzeugung. In der Tat ist der Zufall als ordnende Größe in der Natur eine sehr unbefriedigende Vorstellung. Aber haben wir nur die Wahl zwischen Zufall und dem strengen Reglement äußerer Naturgesetze? Steckt hinter diesem Scheinwiderspruch nicht die Möglichkeit einer Synthese auf einer anderen Ebene?

Zunächst einmal muß man sich vor Augen führen, daß die Quantentheorie nicht das allgemeine Reglement des 'Königs Zufall' ausrief. Sie machte allerdings die Hoffnung zunichte (zugegebenermaßen eine Hoffnung, die mehr die Hoffnungslosigkeit nährt), den Einzelfall zu beseitigen, indem man ihn restlos durch äußere Bedingungen erklärt. Das einzelne

Teilchen besitzt nur gewisse Wahrscheinlichkeiten, größere oder kleinere, an bestimmten Orten zu sein. Das erwies sich als unumstößliches Gesetz, ein objektives Gesetz, das zugleich das Ideal der Objektivität Lüge strafte! Denn nun hing plötzlich das Ergebnis eines Versuchs davon ab, wie man ihn aufbaute, also konnten Bewußtsein und Objekt nicht länger als streng voneinander getrennt definiert werden (siehe hierzu das Doppelspaltexperiment!).

Was mit allen Mitteln draußen gehalten werden sollte, kam durch die Hintertür wieder herein: das Subjekt! Die klassische Physik folgte dem Modell einer strengen Kausalität: ein Ereignis A ist ohne Ausnahme und per Gesetz mit einem Ereignis B verknüpft. Mit diesem Modell arbeiten wir meist im Alltag, und das nicht ohne Sinn: Ich komme abends nach Hause in die dunkle Wohnung, bewege den Lichtschalter und das Licht geht an. Ich drehe den Zündschlüssel des Autos - der Motor läuft usw. usw. Jeder kennt unzählige solcher zwingender Verknüpfungen. Kennzeichen dieser strengen Kausalität sind Wiederholbarkeit und eine Objektivität, die unabhängig vom Beobachter ist. Egal wer zu welcher Zeit und mit welcher Absicht den Lichtschalter bewegt: das Licht brennt. In der Welt der Quanten gilt diese Art von mechanischer Kausalität nicht, d.h. auch kein strengerer äußerer Determinismus (daß ein solcher Determinismus auch im Alltag nicht der Weisheit letzter Schluß ist, wird Thema des nächsten Kapitels sein).

Aus dem Ereignis A folgen unzählige Ereignisse B, mit unterschiedlicher Wahrscheinlichkeit. Wahrscheinlichkeiten sind latente Wirklichkeiten, Möglichkeiten, die mit einer Zahlengröße versehen sind (dem Grad der Wahrscheinlichkeit). Die statistische Kausalität der Quantenmechanik steht nicht im grundlegenden Widerspruch zu Kausalitätsvorstellungen überhaupt: beim Doppelspaltversuch z.B. treten bei einem bestimmten Versuchsaufbau immer wieder die gleichen Interferenzmuster auf dem Schirm auf.

Allerdings läßt diese Theorie dem Einzelfall mehr Freiheit, lockert die Vorstellung von allgewaltigen Naturgesetzen. Statt die Schwerkraft und die Fallgesetze für die Bewegung eines Gegenstands verantwortlich zu machen, benennt die Quantenphysik eine Relation zwischen Beobachtungsgrößen, mit entsprechender 'Unschärfe' des Einzelfalls.

Auch wenn es eine Art Binsenweisheit ist, sei noch einmal angemerkt, daß der Grad der Wahrscheinlichkeit eines Ereignisses nichts darüber aussagt, ob und wann ein solches Ereignis eintritt. Wäre es so, würde niemand mehr Lotto spielen, denn die Wahrscheinlichkeit für fünf oder sechs Richtige ist extrem gering, und doch könnte ich morgen gewinnen (leider spiele ich kein Lotto und damit sind meine Gewinnchancen natürlich eindeutig gleich Null). Dasselbe Verbot der Ableitung des Einzelnen aus dem Allgemeinen gilt übrigens auch für die Anwendung anderer statistisch erhobener Hypothesen.

Im Grunde sind Zufall wie die Statistik mehr Beschreibungen, weniger Erklärungen. Zufall ist geradezu ein anderer Ausdruck dafür, daß Begründungen fehlen. Zufall ist akausal. Müssen wir denn daran festhalten, daß die Welt kausal aufgebaut ist, nur weil wir Strukturen vorfinden? Was bringt uns zu der Annahme, daß materielle Strukturen aus anderen (materiellen) Strukturen entstehen? Zufall ist vielleicht ein Begriff, der uns hilft, nach anderen Begründungen Ausschau zu halten, die jenseits physikalischer Gesetze liegen: der steuernden Macht des Geistes.

Mit einer geistigen Determinante wird etwas Nicht-Meßbares , Nicht-Sichtbares in die Physik eingeführt, wogegen sich natürlich viele Physiker mit Händen und Füßen sträuben. Das, was Einstein gegen die Quantenphysik vorbrachte, gründete auf seinem Glauben an einen äußeren Determinismus, der möglicherweise auch zu Fehlern in seiner deterministisch geprägten Relativitätstheorie beitrug. Seine innere Vision dagegen, sein Glaube, daß Gott nicht würfle, ist hiermit keineswegs widerlegt und nicht etwa bloß der trotzige Ruf eines halsstarrigen, langsam verknöchernden Physikers Einstein gegen die junge aufstrebende Quantenphysiker-Riege.

In einer neuen Physik, die in der Lage ist, über den Tellerrand 'physikalischer Gesetzmäßigkeit' hinwegzusehen, muß diese Determiniertheit wieder eingeführt werden, aber nicht als eine fremdbestimmte Determiniertheit, die uns von außen aufgezwungen wird, als Naturgesetz, als von uns unabhängige Naturordnung, sondern als Zeichen für die determinierende Rolle des Geistes selbst. Damit wäre auch der Bogen gespannt zu Schöpferkraft, freiem Willen und deren Akausalität. Wenn ich etwas will, überlasse ich die Dinge nicht dem Zufall, sondern ich will sie bestimmen. Insofern ist der freie Wille etwas sehr Deterministisches, jedoch nicht im alten Sinne einer äußeren Determiniertheit, sondern einer inneren. Freiheit ist innere Notwendigkeit, innere Bestimmung, Selbstbestimmung. Ähnlich äußerte sich übrigens auch David Bohm: "Mein Eindruck ist, daß eine absolute Notwendigkeit mit Freiheit identisch ist... Aber diese absolute Notwendigkeit kann nicht die Gestalt einer bestimmten Idee annehmen."[21]

Geist als Schöpfer der Realität

Mit dem Wort 'Geist' tun wir uns schwer. Wer kann es schon definieren, indem wir Eigenschaften angeben, die Geist ausmachen?
Geist zeigt sich in Objekten. Wir sprechen von geistvollen Filmen oder negativ von einer geisttötenden Arbeit. Geist selbst bleibt dabei unsichtbar. Hat es überhaupt Sinn, den Begriff 'Geist' zu benutzen? Lange Zeit erschien Geist nur wie der Schatten, den physische Objekte werfen. Neuerdings scheint es eher umgekehrt zu sein: Materie als Spiegelbild und Erzeugnis

des Geistes oder geistiger Energie. Jedermann hat es am eigenen Leib erfahren. Geistige Einstellungen stehen im Zusammenhang mit Gefühlen, und diese wirken auf unseren Körper, z.B. wenn der Ärger auf den Magen schlägt. Psychosomatik nennt sich das im wissenschaftlichen Sprachgebrauch, aber keiner weiß eigentlich, wie das funktioniert. Wie ist das Verhältnis zwischen Körper und Geist? Ist Materie nur eine Art stupider Knetmasse, in der sich Geist ausdrückt? Auch das ist unwahrscheinlich. Wenn Materie auf Geist reagiert, dann muß sie selbst etwas mit Geist zu tun haben. Ein Töpfer gestaltet den Lehm nach seinen künstlerischen Ideen, will diese Idee in diesem Stoff ausdrücken. Eine psychosomatische Krankheit ist im allgemeinen kein Ausdruck einer bewußten Schöpfung. Genausowenig spielt der Körper aber einfach verrückt, entgleist, macht was er will. Im Gegenteil: der Körper reagiert wie ein Seismograph auf Gedanken und Gefühle, auch die unterschwelligen.

Solche vermutlich über Quantenprozesse vermittelten Vorgänge sind Zeichen des Mitschwingens des Körpers mit dem Geist, auch wenn die Folgen - soweit es sich um Krankheiten handelt - weniger angenehm sind. Gleiches wirkt auf Gleiches! Geistiges wirkt auf Geist in der Materie, überbrückt die Grenze zwischen Geist und Materie, die viel zu straff und unerbittlich in unseren gedanklichen Einteilungen gezogen wurde.

Aber kann die Resonanz nicht auch ohne die Annahme von Geist erklärt werden? Wenn ich eine Gitarrensaite anschlage, so schwingt eine andere, gleich gestimmte Saite mit, ein Beispiel für materielle Resonanz, Resonanz in Raum und Zeit, wobei allerdings fraglich sein dürfte, ob es eine rein materielle Resonanz überhaupt gibt. Das Gefühl von Machtlosigkeit gegenüber den Abläufen in Natur und Gesellschaft beherrscht nicht nur die Menschen dieses Jahrhunderts, sie wurde oft genug auch romantisch überhöht und verklärt: Schöngeistigkeit und schmerzliche Liebe - beides rein, aber fern der Welt und ohne Einfluß auf sie - als Antwort auf die 'Macht der Tatsachen' (siehe dazu vor einiger Zeit das Titanic-Fieber). Idealistische Philosophen sprachen zwar vom Vorrang des Geistes, aber dieser Geist war so weit weg vom Menschen (z.B. als göttliche Inspiration), daß da für menschliche Einflußnahme nicht mehr viel übrig blieb.

Wenn man es 'wagt', Geist als existierend anzusehen, so scheint es mir plausibel zu sein, daß er die Eigenschaften hat, unsichtbar, unmeßbar, jenseits von Raum und Zeit und vor allem unteilbar zu sein. Unter diesem Blickwinkel gibt es nicht den menschlichen, tierischen, pflanzlichen, göttlichen Geist an und für sich, diese stellen lediglich verschiedenen Fokussierungen ein und desselben Geistes dar. Eine solche Anschauung hat gewaltige Konsequenzen im Sinne einer Renaissance bewußter Macht des Geistes. Interessanter Weise kann nämlich alles, was Menschen als Beweis für die Ohnmacht ihrer Wünsche und Gedanken angeben, geradezu als Beleg für deren Macht angeführt werden. Wer mehr an seine Ohnmacht als an seine Macht glaubt, wird Zeuge dieser Ohnmacht auch im Spiegel dessen, was auf ihn zukommt. Soviel Macht hat der 'Ohnmächtige'! Alles andere als abwegig ist es deshalb zu behaupten, daß meine Realität von meinen Gedanken (den bewußten und weniger bewußten) erzeugt wird. Aber wo ist Geist? Der eingefleischte Anhänger einer materialistisch geprägten Physik wird darauf antworten: Geist ist Ausdruck eines funktionierenden Gehirns, indem sich wiederum die Logik und Naturgesetzlichkeit der Materie ausdrückt. Und er wird zur Untermauerung seiner These hinzufügen, daß Geist an Gedanken und diese wiederum an die elektrische Aktivität des Gehirns gebunden seien. Nur was sichtbar oder zumindest meßbar sei, sei auch real. Aber ist es nicht erstaunlich, daß unser Körper mitsamt des Gehirns aus einer befruchteten Eizelle entsteht, zunächst also noch gar kein Gehirn existiert, wohl aber ein Bauplan für den gesamten

Organismus, der Schritt für Schritt umgesetzt wird? Biologen haben keine stimmige Antwort auf die Frage, warum Zellen sich an einer Stelle zu Nervenzellen, an einer anderen zur Leberzellen, Hautzellen, Zellen verschiedenen Organe differenzieren. Werden weitere Forschungen über die Abläufe in einer Zelle, bei der Zellteilung usw. uns einer Antwort näherbringen? Oder wird am Ende unser Erstaunen größer sein als unser wissenschaftlicher Optimismus, da wir feststellen müssen, daß mit jeder gelösten Frage zehn neue entstehen? Je mehr wir ins Detail vordringen, um so mehr müssen wir erkennen, daß eine vereinheitlichende Instanz existieren muß, die die unglaubliche Zahl verschiedener Einzelprozesse (z.B. entstehen 100.000 Zellen in jeder Sekunde neu) steuern und aufeinander beziehen muß. Verschwindet diese Instanz, so zerfällt der Körper. Es ist für unsere Betrachtung ohne Belang, ob diese Instanz Geist, Seele oder (nach östlicher Anschauung) Chi genannt wird.

Wenn die Gleichung Geist = logischer Verstand + begriffliches Denken nicht zutrifft, so ist es ebenso unwahrscheinlich, daß Geist bloß eine Kraft ist, die Materie organisiert. Das kann er nur, weil Geistiges in Materie schon enthalten ist (siehe oben).

Damit kommen wir zur These, daß Geist nicht nur vorgefundene Materie strukturiert, sondern diese selbst schafft und auf allen Ebenen in ihr steckt. So haben wahrscheinlich nicht nur Zellen Intelligenz und Bewußtsein (Einzeller existieren sogar als selbständige Lebewesen), sondern sogar Atome und Photonen, wie einige Physiker mutmaßen. Weit her geholt? Reine Spekulation? Meiner Ansicht nach kommen wir ohne diese Spekulationen nicht mehr aus, erst dann können wir auch folgende typische 'Grenzfragen' beantworten:

- Was war vor der Entstehung des Kosmos, vor dem Urknall (falls es einen solchen überhaupt gab)?
- Wie entstanden oder entstehen noch Raum, Zeit und Materie?

- Wie kommt es, daß die sogenannten Naturkonstanten sensationell genau aufeinander abgestimmt sind, so daß nur eine geringe Veränderung einer dieser Konstanten diese Welt unmöglich machen würde?
- Warum ist etwas und nicht nichts?
- Warum wird eine Quantenwahrscheinlichkeit wirklich, die andere nicht?
- Warum gibt es nicht nur Gleiches, sondern immer wieder Neues? Woher kommt das Neue?

Viele Wissenschaftler meinen, diese Fragen fielen nicht in ihr Ressort, aber in ihrer kreativen Tätigkeit bezeugen sie, daß sie ganz praktisch etwas damit zu tun haben. Geist äußert sich tagtäglich in unseren Schöpfungen und den Schöpfungen der Natur, nicht allein in einem großen Schöpfungsakt zu Beginn des Kosmos (falls es einen solchen Beginn überhaupt gibt).

Die Physik des 20. Jahrhunderts, besonders die Quantenphysik, gibt aufgrund ihrer vielen Rätsel selbst Anlaß zu Spekulationen, die die alten Einteilungen und Mauern, vorrangig die zwischen Geistes-und Naturwissenschaften, zum Einsturz bringen. Das quantenphysikalische Phänomen der Nichtlokalität versetzte dem Glauben an die ewige Gültigkeit und Unabdingbarkeit von Raum und Zeit einen Schlag, nachdem Einstein schon vorher deren Relativität proklamiert hatte. Quanten scheinen ihrem Wesen nach raum-und zeitlos, vielleicht sogar immateriell zu sein und nur in Wechselwirkungen (auch mit geistigen Prozessen) eine materielle Spur in unserer Welt zu hinterlassen. Das zeigen nicht zuletzt interdisziplinäre Forschungen an der Universität Princeton zur Beeinflussung von Materie durch Gedankenkraft. Quanten könnten demnach eine Brücke zwischen raumzeitfreier Geistwelt und raumzeitlicher materieller Welt sein.

Auch wenn wir Geist weder messen noch sehen können, so haben wir über das Wesen von Geist zwei wichtige Dinge - rein spekulativ und doch plausibel - herausgefunden:

1) Er ist jenseits von Raum und Zeit, kann aber in Raum und Zeit wirken.

2) Er ist Schöpferenergie, unabhängig, nicht bedingt, Bedingung für alle Gedankenformen und materielle Formen.

Aber ist die Annahme von Geist nicht unnützer metaphysischer Ballast, der in der Wissenschaft nicht weiterhilft und für den Philosophen ein nettes Steckenpferd ist?

Für die herkömmliche Naturwissenschaft mag das stimmen! Denn sie legt ihr Augenmerk nur auf die vorgefundenen Strukturen. Aber das ist etwa so, als beschäftige man sich nur mit dem Schatten an der Wand, nicht aber mit dem Licht und den Gegenständen, die diesen erzeugen. Solange die Naturwissenschaft und die Medizin das Geistige wegen seiner Immaterialität in ein metaphysisches Niemandsland verbannen, wird es den Menschen schwerfallen, sich von der Last scheinbar unabänderlicher Naturgesetze und Abläufe zu befreien. Wir befinden uns gerade in einer wichtigen Phase der Erweiterung unseres Denkens, in der neben dem Geist auch das Nichts rehabilitiert wird. Beide Begriffe sind eng miteinander verwandt und erinnern noch an einen weiteren, den des Unbewußten, wie es C.G. Jung sah). Neben dem Vakuum als Quelle von virtuellen Teilchen und unendlich großer Energiemenge (Heisenberg siehe oben) findet sich das Vakuum, also das Nichts, in der Diskussion von Physikern und Biophysikern zunehmend auch als Informationsspeicher. Andere, wie z.B. der Biologe Sheldrake, vermuten gesonderte informationstragende gestaltbildende Felder, die materielle Prozesse in der Natur steuern.

Aber woher kommen neue Formen, neue Informationen?

Ich glaube, daß diese Frage in letzter Konsequenz unbeantwortbar ist und dennoch in der Wissenschaft und dem allgemeinen Denken einen Platz erhalten muß. Andernfalls werden wir zu Gefangenen unserer eigenen Modelle und fertiger Strukturen, womit wir letztlich auch unsere eigene Kreativität blockieren. In Wahrheit können wir Geistiges als

Ort unendlich vieler Möglichkeiten in immer andere gedankliche und materielle Formen übersetzen, bei allen Wiederholungen, auf die wir gewöhnlich allzusehr unser Hauptaugenmerk legen.

Nicht nur unsere Kultur enthält massenhaft Ansichten darüber, was angeblich geht und was unmöglich ist, Ansichten, die wir unterbewußt oder sogar in unseren Genen gespeichert haben. Es spricht vieles dafür, daß in Wahrheit nichts unmöglich ist. Wenn wir allerdings nur bestimmte Möglichkeiten für möglich halten, dann werden sich unsichtbare Möglichkeiten kaum realisieren. Deshalb empfiehlt der Zen-Buddhist, sich immer wieder innerlich freizumachen, sich leer zu machen, um neuen Möglichkeiten Raum zu geben. DNA ist vermutlich eine Art biologischer Festplatte, auf der körperliche Muster, aber auch Gedankenmuster gespeichert sind. Diese Muster erscheinen z.B. als Talente, enthalten aber auch behindernde Glaubenssätze, bei denen wir die Möglichkeit haben, sie zu verstärken (in eine Art Resonanz zwischen 'gespeichertem' und freiem Geist) oder zu überschreiten.

So ungünstig es für uns sein mag, neigen wir oft zu einer Verstärkung der Struktur, zumal der Hauptstrom unserer Kultur etwas anderes gar nicht für möglich hält. Damit lenken wir selbst unser Leben in eine bestimmte Richtung, auch wenn es so aussehen mag, als ob unsere Gene, ein schlechtes Schicksal, Gott oder oder für die mageren Resultate verantwortlich sind.

Daß wir mit geistiger Energie nicht nur unseren Körper beeinflussen, sondern auch Anteil haben an einer unteilbaren geistigen Urenergie, die es uns erlaubt, nicht nur unsere Realität bewußter zu gestalten, sondern Dinge zu tun, die uns heute geradezu als Wunder erscheinen, ist nach diesen Ausführungen sicher plausibel geworden. Deshalb geht es im folgenden Kapitel um die Frage, ob die wunderbare Welt der Quanten mit ihren zeitreisenden Teilchen, die aus dem Nichts entstehen und wieder vergehen, auch für unsere Alltagswelt neue Möglichkeiten eröffnet.

Quantenwelt und Alltagswelt -
Oder: Was geht uns eigentlich die Physik an ?

Ständig erreichen uns neue Meldungen über quantenphysikalische Experimente, die mehr an Zaubertricks erinnern, weil sie unsere gewohnten Realitätsvorstellungen völlig auf den Kopf stellen. In einem früheren Kapitel (Doppelspaltexperiment) erwähnten wir Experimente mit verschränkten Photonen, die sich über beliebig große Raumdistanzen über ihren gegenseitigen Zustand 'informieren', ohne daß sie dafür Zeit brauchen. Inzwischen wurden ähnliche Experimente auch mit drei Photonen sowie mit Atomen durchgeführt. Im Frühjahr 99 wurde im Innsbrucker Physiklabor von Anton Zeilinger ein Versuch durchgeführt, der zehn Jahre zuvor von Greenberger, Horn und Zeilinger vorgeschlagen wurde. Dabei wurden nicht zwei, sondern drei Photonen in einem nach diesen Physikern sog. GHZ-Zustand verschränkt, bei denen diese Photonen miteinander verbunden sind, aber keine eindeutig definierten Eigenschaften besitzen. Zeilinger verdeutlichte den Versuch mit folgendem Vergleich: "Angenommen, es sind Menschen, und die besitzen Eigenschaften, die jeweils zwei Werte annehmen können: Sie tragen eine Brille oder nicht, und sie haben blonde oder schwarze Haare. Dann besagt die quantenmechanische Verschränkung, daß eine Messung an zwei der Drillinge festlegt, welche Eigenschaft der dritte hat. Also wenn wir zwei blonde Brillenträger finden, dann trägt der dritte beispielsweise keine Brille und ist dunkelhaarig."[22] Und noch pointierter: "Wenn wir uns alle möglichen Meßzustände ansehen, stellen wir fest: Die Quantentheorie sagt voraus, daß die Eigenschaften des dritten davon abhängen, welche Messungen wir an den anderen beiden vornehmen... Diese Tatsache, daß eine bestimmte Eigenschaft eines Quantenobjekts davon abhängt, welche Experimente ich mit anderen Objekten mache, widerspricht unserem Realitätsbegriff!"[23]

Ist nun dieser Realitätsbegriff nur ungeeignet zur Beschreibung von Quantenphänomenen oder ist es sogar notwendig - in der Konsequenz solcher GHZ-Experimente - unseren Realitätsbegriff zu korrigieren? Um diese Frage wird seit 70 Jahren gestritten, wobei die rätselhaften Experimente der achtziger und neunziger Jahre dieser Auseinandersetzung neuen Zündstoff lieferten. Ein Jahrtausende altes Weltbild gerät ins Wanken.

Genauer gesagt stehen zwei Fragen zur Diskussion:

1) Ist unsere Alltagswelt genauso verrückt wie die Quantenwelt?

2) Wird die Quantenrealität mittels unserer Untersuchungen geschaffen oder nur entdeckt? Heißt 'Wahrnehmen', Wirklichkeit zu schöpfen oder diese nur abzubilden?

Völlig unstrittig ist die Tatsache der Quantenrätsel, weshalb so gut wie alle Physiker den Satz unterschreiben würden: "Wer glaubt, die Quantenphysik zu begreifen, hat sie nicht wirklich verstanden."

Jenseits einer solchen 'Sicherheit der Unsicherheit' gehen die Meinungen allerdings gewaltig auseinander. Das betrifft vor allem die erste Frage. Deren Beantwortung kann die Quantenphysik allein nicht leisten, sie läßt aber zumindest alle Möglichkeiten gelten und eröffnet neue Wege der Betrachtung unserer Welt, einer Welt, die bisher die klassische Physik für sich reklamiert hatte. Um gleich eines vorwegzunehmen: Meiner Einschätzung nach sind alle Versuche, eine scharfe Grenzlinie zwischen Quanten- und Alltagswelt zu definieren, nicht besonders überzeugend. Wir können uns also auf keinen Fall mit dem Gedanken beruhigen, die Quantenphysik gehe uns gar nichts an und sei nur etwas für wissenschaftliche Spezialisten.

Daß in der Quantenwelt die Dinge anders laufen als in unserem Alltag, das zeigt nicht erst das zu Beginn dieses Kapitels erwähnte Experiment der GHZ-Gruppe. Die Geschichte der Quantenphysik ist eine Kette außergewöhnlicher Erfahrungen und Theorien, die nicht immer freudig akzeptiert wurden. Erwin Schrödinger, einer der Hauptbegründer der Quantentheorie, wird sinngemäß mit der Äußerung zitiert, er bereue es, sich mit diesem ganzen Kram beschäftigt zu haben, wenn das alles stimme, was die Experimente belegten. Die Experimente zeigten weit mehr als eine einfache Abhängigkeit der Ergebnisse vom Versuchsaufbau. Es war schon längst bekannt, daß man, salopp gesagt, mit einer Waage keine Stromspannung messen kann. Auch diese Erkenntnis ist allerdings weniger banal als sie auf den ersten Blick erscheint. Z.B. zu behaupten, Erdstrahlen seien nicht existent, da bisher nichts gemessen wurde, ist ein sehr schwaches Argument und geht von der Voraussetzung aus, daß wir erstens alle physikalischen Grundphänomene erfaßt haben und zweitens diese auch mit Apparaten nachweisen können. Warum sollen biologische Organismen nicht in der Lage sein, etwas zu fühlen und damit zu 'messen', wo wir mit unseren vergleichsweise groben und einseitigen Instrumenten nichts erkennen können?

Die Quantenphysik warf ein völlig neues, darüber hinausgehendes Licht auf das Meßproblem. Zuerst zeigte sich, daß ein und dasselbe Phänomenen völlig verschiedene, geradezu widersprüchliche Eigenschaften offenbarte (siehe die Diskussion über die rätselhafte Natur des Lichts). Je nach Versuchsaufbau zeigte sich Licht wellen-oder teilchenhaft. Wer wie beobachtete, gab den Ausschlag dafür, wie sich ein und dasselbe Quantenobjekt präsentierte. Was das aber zu bedeuten habe, war die nächste Frage, an der sich ein Streit entfachte, der bis heute andauert.

Existiert eigentlich vor der Messung das Quant schon oder entsteht es erst beim Beobachtungsakt? Die Gruppe um Niels Bohr vertrat auf der Kopenhagener Konferenz die Auffassung, daß das Quant erst durch den Meßakt entstehe (Kollaps der Wellenfunktion) und durch den Versuchsaufbau gezwungen sei, sich entweder als Welle oder als Teilchen zu 'outen'. Die 'Realisten', unter ihnen Albert Einstein, widersprachen dieser

Deutung energisch und gingen von der realen Existenz des Quants aus, unabhängig davon, ob jemand hinschaue oder nicht. Bis heute hat sich die Konfrontationslinie nicht wesentlich verändert, und es gibt kaum eine Möglichkeit, den Streit mittels einer einfachen Beobachtung zu entscheiden. Wir können das Quant nicht sehen, bevor wir es messen, können deshalb unmöglich beurteilen, ob es vor unserer Messung schon existierte. Dieses Dilemma ist nicht lösbar. Allerdings: Etwas mehr als 'wir wissen, daß wir nichts wissen' läßt sich inzwischen schon sagen.

Einigkeit herrscht unter den Quantenphysikern darüber, daß das Quant kein Objekt im alltäglichen Sinn ist. Es scheint ein Objekt zu sein, daß weder in seinen Eigenschaften festgelegt ist (Superpositionsprinzip) noch völlig getrennt und unabhängig von anderen Quanten existiert (Welle-Teilchen-Dualismus). Die Verwobenheit des Einzelnen mit dem Ganzen ist typisch für Quantenprozesse und äußert sich auch im schon beschriebenen Phänomen der Nichtlokalität. Die heute heftig attackierte Kopenhagener Deutung betont besonders das Mysterium dieser Nicht-Objekthaftigkeit. Zunächst sei das Quant eine ausgedehnte im 'Raum verschmierte Welle', bevor es durch den Akt der Messung gestört würde und sich als punktuelles Teilchen zeigte (Kollaps der Wellenfunktion).

Neuere Experimente zeigen übrigens, daß die Störung nicht das Entscheidende ist, jedenfalls nicht in dem alten Sinn einer äußeren Einwirkung auf ein Objekt. Es reicht bereits aus, das Quant zu markieren, um es als Teilchen erscheinen zu lassen (Versuche in Konstanz zur Atominterferenz). Sobald der Versuchsaufbau mir prinzipiell erlaubt, Aussagen über Ort oder Eigenschaften des Quants zu machen, sind keine Interferenzen mehr beobachtbar, auch dann nicht, wenn ich keine weiteren Messungen durchführe.

Die Frage bleibt: Outet sich hier ein bereits vorher bestehendes Teilchen in bezug auf Ort und Eigenschaften oder besitzt es vorher weder Ort noch Eigenschaften, dafür aber eine mehrdeutige Wellenexistenz?

Der Physiker David Bohm neigte in ersten Formulierungen seiner Deutung der Quantenunbestimmtheit der ersten Lösung zu. Er ging davon aus, "daß Teilchen stets einen bestimmten Ort und eine bestimmte Geschwindigkeit haben. Das Mißliche sei nur, daß jeder Versuch, diese Eigenschaften zu messen, die mit den Teilchen verbundene Leitwelle verändert und so die Informationen über die Eigenschaften zerstört."[24] Später erweiterte er dieses Bild um die Hypothese einer impliziten der Welt zugrundeliegenden Ordnung eines Wellenfeldes, deren Schatten wir wahrnehmen. Teilchen seien nur Ergebnis lokaler Wirkungen von sich überschneidenden Wellen. Liegt Bohm damit nicht ganz in der Nähe der Kopenhagener Interpretation? Man kann das Rätsel leugnen oder nicht, es behält seine mystischen Qualitäten: Unerklärbar erscheint jener Sprung vom Wellenhaften zum Teilchenhaften. Dieser ist auch in den Augen der heftigen Kritiker der Kopenhagener Interpretation und ihres 'mystischen Charakters' im Grunde eine Wechselwirkung zweier Dimensionen, der raumzeitlichen und einer raumzeitfreien Dimension (die vorwärts und rückwärts laufenden Wellen der Quantenelektrodynamik sind im Grunde nur ein anderer Ausdruck für Raum- und Zeitlosigkeit, ebenso String- und Superstring-Modelle).

Unerklärlich ist diese Wechselwirkung, da das wissenschaftliche Rüstzeug einer raumzeitlichen Betrachtung hier nicht mehr weiterhilft. Das einzige, was die herkömmliche Wissenschaft hier vermag, ist, gewisse Bedingungen anzugeben, unter denen Wellenfelder in bestimmte Teilchen übergehen. Dadurch wird der Anschein erweckt, als seien diese Bedingungen unabhängig von subjektivem Bewußtsein, rein objektiv. Bei dieser Lösung der Frage zwei wird die konkrete Quantenrealität bei unseren Beobachtungen nur entdeckt, nicht geschaffen. Vom Standpunkt der Raum-Zeit-Welt aus kann es nur diese Lösung geben. In einer raumzeitfreien Dimension wird aber die strenge Unterscheidung zwischen Subjekt und Objekt hinfällig. Das bedeutet, daß die Teilchenrealität durch Bewußtsein geschaffen wird und nicht durch sogenannte objektive Umstände, da das Rein-Objektive nicht existiert.

Nun ist zu berücksichtigen, daß in der quantenphilosophischen Diskussion Frage 2 meist mit Frage 1 vermengt wird:

Die einen trennen radikal die 'Absurditäten' der Quantenwelt von unsere Alltagswelt, die anderen sehen einen engen Zusammenhang zwischen beiden Welten.

Ich habe den Eindruck, daß auch diese Diskussion ähnlich wie die 'Einstein-Debatte' sich an falschen Widersprüchen 'hochzieht'! Um es zugespitzt und konkret auszudrücken: Wenn ich davon ausgehe, daß die 'Verrücktheiten' der Quantenwelt sich auch im alltäglichen Leben wiederfinden, so muß ich nicht gleichzeitig behaupten, daß der Mond verschwindet, wenn keiner hinguckt. Die Existenz von Strukturen spricht nicht für die Abwesenheit von Geist. Die Frage ist doch, um welche Form von Geist es sich handelt, die da den 'Kollaps der Wellenfunktion' bewirkt.

Kein Zweifel: Die Quantentheorie ist weit davon entfernt, sich in Beliebigkeiten zu ergehen. So kann der Quantenchemiker zum Beispiel angeben, welche chemischen Verbindungen aus physikalischer Sicht stabiler und welche unwahrscheinlicher sind. Immer wieder werden Gleichgewichtszustände, so flüchtig und fließend sie auch sein mögen, angegeben, die Voraussagen über das Verhalten der Materie erlauben. Die uns geläufige Naturwissenschaft basiert auf Wiederholbarkeit und experimenteller Prüfung.

Nicht nur in der klassischen Physik, auch in der Quantentheorie steckt eine deterministische Seite, aber nur in Hinsicht auf eine größere Zahl von Ereignissen, die Bildung von materiellen Strukturen, die dem Einzelnen jedoch Freiraum lassen.

Die andere Seite dieser Quantenwelt zeigt eine verblüffende Nähe zur Traumrealität, die ja bekanntlich hochgradig individuell und unvoraussagbar ist. Einige Autoren wie F. A.

Wolf vermuten deshalb, daß das Gehirn sich während der Traumphasen in einem wellenförmigen Quantenzustand befindet. Damit würde die Quantenphysik zu einer Art Brückenbildner zwischen der Welt des Geistes und der Psyche und der Welt materieller Strukturen. Allerdings wissen wir, diese Erkenntnis vorausgesetzt, immer noch nicht, wie und warum die Welle zum Teilchen wird.

Ist die Quantentheorie doch unvollständig?

Um die Auflösung unserer Alltagswelt in eine schillernde Traumwelt zu verhindern, in der jeder nach seiner Facon Wellenfunktionen kollabieren läßt, schlägt z.B. der Mathematiker (und Platoniker) Penrose zusätzliche objektive Einflüsse vor.

Solche Wirkungen könnten beispielsweise von der Gravitationskraft ausgehen. Es ist meiner Meinung nach allerdings wenig befriedigend, ein Rätsel mit einem anderen zu erklären, denn wir haben gar keine Ahnung davon, was das Wesen der Schwerkraft ist. Viele, vor allem russische Forscher, beschäftigen sich mit der Gravitation, vor kurzem wurde in Deutschland eine Stiftung zur Gravitationsforschung gegründet, die NASA arbeitet seit langem aus nah liegenden praktischen Gründen an diesem Problem. Völlig unerklärlich sind z.B. die nichtlokalen Wirkungen der Schwerkraft, d.h. Massen ziehen sich augenblicklich über riesige Entfernungen an. Einige Experimente zeigten darüberhinaus mysteriöse Zusammenhänge zwischen elektromagnetischen Kräften und der Schwerkraft sowie zwischen Zeitabläufen und der Schwerkraft.

Die Physik befindet sich gegenwärtig in einem gewaltigen Umbruch, dessen Hauptmarken sind:

- eine völlig neue Sicht von Geist und Bewußtsein als Erzeuger oder Modulator materieller Energie,
- einer Renaissance des Vakuums oder Ätherfelds als Quelle von Materie und Geist (auch die String-Theorie gehört letztlich hierhin),

- eine neue Deutung der physikalischen Grundkräfte und ihrer Beziehungen zueinander, hier zum Beispiel der Beziehungen zwischen Gravitation und Elektromagnetismus,
- eine neue Sicht der holografischen Struktur der Welt und ihrer physikalischen Vermittler (siehe hierzu die Biophotonenforschung).

Kurzum: während in unseren Schulen brav die klassische Physik gepaukt wird, vollzieht sich in der Physik eine Revolution, die sich auf alle Bereiche unseres Denkens und Tuns auswirken wird. Diese Geschichte geht uns alle an, nicht nur die Physiker!

Für mich war es immer wenig überzeugend, wenn von starren Grenzen zwischen den Welten gesprochen wurde: hier die rätselhafte Quantenwelt, da unserer Alltagswelt, in der Quantenvorgänge angeblich keine Rolle mehr spielen sollten. Eine von vielen kritischen Aussagen dazu liefert der Quantenchemiker Preuß in seinem Buch 'Materie ist nicht materiell': "... Auch im Makrokosmos kann man das Wirken der Unschärferelationen beobachten. Einmal dadurch, daß die spezielle Bildung größerer Systeme im Mikrokosmos festgelegt, besser wahrscheinlich gemacht wird, zum anderen zeigen auch die Gegenstände unseres Alltags, wenn man sie entsprechend 'abfragt', daß sie aus diesen Teilchen aufgebaut sind. So zeigt schon eine Kugel, die mehrmals von Wänden zurückgeworfen (reflektiert) wird, nach einiger Zeit ein völlig unberechenbares Verhalten, denn bei jeder Richtungsänderung kommt die in der Bewegung steckende Unschärfe ins Spiel. Schon am Anfang, wenn wir die Kugel freigeben, können wir, da die Kugel aus Atomen besteht - genaugenommen Ort und Geschwindigkeit nicht gleichzeitig beliebig genau angeben, was allerdings bei großen Systemen vorerst völlig belanglos erscheint, da ihre Massen groß sind. Aber mit der Zeit 'schaukelt' sich die Unschärfe hoch. Es gibt noch viele andere Beispiele."[25] Diese Unschärfe ist keinesfalls ein chaotisches zufälliges Phänomen, sondern als Ausdruck der wellenförmigen Seite der Materie Zeichen von Austausch und Interaktion innerhalb einer weitergespannten Ordnung. In dieser Ordnung reichen sich Chaos und Struktur die Hand. Östliche, vor allem hinduistische Traditionen, beschreiben die Natur als immerwährenden schöpferischen Tanz, in dem alte Strukturen aufgelöst werden und neue entstehen. Dieser Prozeß basiert auf der Ankopplung des Einzelnen an das Ganze. Auch aus quantenphysikalischer Sicht bleibt das Einzelne immer mit dem Ganzen verbunden, und zwar über seinen Wellenaspekt.

Neuere Experimente scheinen daraufhin zu deuten, daß auch bei für Quantenphysiker relativ großen Objekten, z.B. einem Beryllium-Ion, die Unbestimmtheit erhalten bleibt, so daß dieses an zwei Orten zugleich sein kann. Gibt es überhaupt eine absolute Grenze, bei der der Wellenaspekt völlig verschwindet? Oder wäre es nicht denkbar, daß der scheinbar endgültige Kollaps der Wellenfunktion nur eine zeitweilige Kristallisation eines Objekts in Raum und Zeit darstellt, bei der der Wellenaspekt nur in den Hintergrund tritt, aber nicht völlig ausgelöscht ist?

Der Physiker Fröhlich zeigte, wie sich geordnete Strukturen zwischen Molekülen der Materie spontan über elektromagnetische Kopplungen bilden, und zwar jenseits eines thermischen Gleichgewichts-eine physikalische Erklärung für die Beobachtungen Prigogines, der dafür den Begriff 'dissipative Strukturen' prägte. Ein kleines aber aufschlußreiches Beispiel zur Verdeutlichung: Erwärmt man Skiwachs in einer runden Büchse, bilden sich spontan sechseckige Waben.

Langreichweitige Bezüge regulieren nach Fröhlich in biologischen Organismen Vorgänge wie die Funktion von Enzymen, die Speicherung von Energie, Wachstum und Aufbau von Strukturen. Die Biophotonenforschung erklärt die hohe Ordnung und Zielgerichtetheit biologischer Prozesse mit der Wirkung kohärenten Lichts, das heißt letztlich der

Wellenhaftigkeit biologischer Moleküle. Jedem dürfte unmittelbar einleuchten, daß der geistlose Zufall dafür nicht verantwortlich sein kann: Täglich produziert unser Körper 600 Mrd. neue Zellen, so daß der Körper hinsichtlich seiner atomaren Zusammensetzung alle vier Jahre neu gebildet ist. Jede einzelne Zellneubildung ist ein unglaublich komplizierter Prozeß, der unsere Vorstellungen übersteigt. Schwankungen im Nahrungsangebot gleicht der Körper mit bewundernswerter Genauigkeit aus, um die gerade gebrauchten Zellen neu zu bilden. Wäre die Wachstumsrate der Darmzellen nur um wenige Prozent erhöht, würde der Menschen innerhalb weniger Tage an Darmverschluß sterben.

Was steckt dahinter? Ist das nicht letztlich der Kollaps einer auf dem unwiderruflichen Kollaps der Wellenfunktion aufbauenden Quantenphysik, bei der Quantenwelt und Alltagswelt völlig getrennt bleiben?

Zurek, der führende Vertreter der sogenannten Dekohärenztheorie, ist der Meinung, daß die Umgebung diktiert, welche quantenphysikalischen Möglichkeiten letztlich Wirklichkeit werden. Dazu bemerkte Philip Yam, Autor von Scientific American: "Das Problem ist, daß Dekohärenz - und in der Tat jede Vorstellung über den quantenphysikalisch-klassischen Übergang - notwendigerweise eine Art Ad-hoc-Theorie sein muß. Quantensuperpositionen müssen irgendwie Resultate haben, die unseren Alltagserfahrungen entsprechen. Daraus ergibt sich ein logischer Zirkel: Die makroskopischen Ereignisse gehen aus der Quantenwelt hervor, weil sie eben diejenigen sind, die wir erleben."[26]

Im Klartext: Die Quantenphysik kann nicht erklären, ob und warum Wellen zu Teilchen werden. Sie kann nicht ausschließen, daß Wellen Wellen bleiben, auch wenn sie sich bereits zu Molekülen kristallisiert haben. Bei diesem Schöpfungsprozeß könnte Bewußtsein auf verschiedenen Ebenen die entscheidende Rolle spielen, in dem es über die Brücke 'Licht' materielle Strukturen entstehen läßt und deren

Funktion steuert. Die Biophotonenforschung läßt einen solchen Schluß zu, indem sie ein wichtiges physikalisches Mittelglied, die kohärente ganzheitliche Zusammenarbeit innerhalb biologischer Systeme mittels elektromagnetische Wellen, ins Bewußtsein rückte.

Hinter den Photonen ist allerdings ein unvoraussagbares Bewußtsein aktiv, das sich zwar bestimmter Ordnungen bedient, hier besonders Zahlenordnungen, geometrischer Ordnungen (die Quantenphysik rehabilitierte auch die Bedeutung ganzer Zahlen), aber letztlich jenseits dieser Ordnungen angesiedelt ist. Wäre dem nicht so, würde der Körper z.B. nicht auf negative geistige Programmierung mit Krankheit reagieren, würden Placebos gar nicht wirksam sein, wären hormonelle Veränderungen nicht an seelische Vorgänge gekoppelt undsoweiter. Wahrscheinlich ist die Quantenphysik tatsächlich unvollständig, aber sie wird vermutlich nicht durch die Entdeckung neuer physikalischer Gesetze vervollständigt werden (auch hier sind selbstverständlich neue Entwicklungen zu erwarten), wie es Penrose und andere vermuten. Eine neue 'neue Physik' tastet sich bereits vor, die Rolle des Geistes mit in ihr Modell der Wirklichkeit zu integrieren. Sheldrake, McKenna und Abraham äußerten sich in einer Diskussion über die mögliche Verbindung zwischen Bewußtsein, Quantenfeld, elektromagnetischem Feld und Gravitationsfeld. Alle körperlichen Existenzen hätten auch eine geistige Seite, von der diese abhingen. Sheldrake kommt zum Schluß, daß alles beseelt sei. Auch die Erde habe eine Seele, die die Erde in ihrer sichtbaren Form entstehen lasse. Wenn dies stimmt, so ist Geist letztlich in der Lage, Dinge aus dem Nichts zu schaffen. Wie man dazu steht, ist eine Frage der individuellen Vision, von der natürlich auch die Möglichkeit oder Unmöglichkeit einer solchen Schöpfung abhängt.

Die Physik, insbesondere die Quantenphysik, legt nahe, daß dies möglich sei, und kann nicht beweisen, daß das klassische Verhalten von materiellen Objekten einer nicht veränderbaren

Regel folgt (auf dieser Linie arbeiten auch mehr und mehr interdisziplinäre Forschergruppen!). Dennoch wären nicht alle Physiker mit einer solchen Aussage einverstanden, da sie Konzepte favorisieren, die weiterhin auf einer strikten Trennung von Bewußtsein und Materie beruhen. Alles andere erscheint ihnen mysteriös, ja vielleicht sogar mystisch. Nun, das ist deren persönliche Vision, die zu akzeptieren ist, und ich habe nicht die Absicht, demgegenüber eine 'höhere', eine Art Super-Vision zu entwickeln. Es gibt aber - und diese Anmerkung ist sehr wichtig - keinen zwingenden Grund, zu einer 'reinen' objektiven Physik zurückzukehren, nur weil man bestimmte Implikationen der Kopenhagener Deutung für 'schwer verdaulich' hält. Nicht wenige Physiker gehen inzwischen völlig neue Wege, indem sie einen Zusammenhang zwischen Geistigem und physikalischen Qualitäten herzustellen versuchen. Die Modelle dieser Physiker weisen sehr viel größere Gemeinsamkeiten auf als man auf den ersten Blick vermutet:

1) Quelle für geistige Informationen und gedankliche Neuschöpfungen wie auch für materielle Formen sehen sie im Vakuumfeld (Popp, Puthoff u.a.). Andere Ausdrücke dafür sind Skalarfeld (Bearden), implizite Ordnung (Bohm), 6. Dimension, Tachyonenfeld, Informationsfeld, äonische Dimension, (Heim) Quantenfeld, Quantenschaum (Wheeler). Diese Dimension ist jenseits von Raum und Zeit und an jedem Raumpunkt eingefaltet, das heißt, liefert dort die Information des Ganzen (holografisches Prinzip).

2) Das Vakuum ist nicht nur Heimat des Geistes, sondern auch der rätselhaften Gravitation, die letztlich Verdichtung von Geistigem, von Informationen darstellt (in Form von materiellen subatomaren, atomaren, molekularen und makroskopischen Objekten aller Art, in Form von besonderen Speichermedien für Information wie Kristallen, biologischen Zellen, DNS, Wasser...).

3) Es besteht ein Zusammenhang zwischen Gravitation und elektromagnetischen Wellen. Photonen liefern und transportieren Informationen. Sie sind eine Art Grenzgänger zwischen immateriellen geistigen Feldern und dichter Materie, zwischen Potentialität und Aktualität (Popp, Heim).
4) In allem steckt Bewußtsein, das sich gegenseitig beeinflußt (Bohm). Auch Quanten (Planck), sogar Elektronen haben Bewußtsein und freien Willen (Charon).
Nach dem Bild dieser Physiker setzen alle materiellen Formen eine Art Bewußtsein voraus, mit dem Vermögen, kreativ zu sein und sich zu erinnern.

Parallelen zwischen physikalischen und psychischen Phänomenen

Physik	**Psyche**
Information und Energie als 'Zwillingsphänomene' (früher Geist und Materie)	Gedanke als elektromagnetische Realität, wirkt in die 'Materie' hinein, ist dort auch codiert
Unvoraussagbarkeit des Einzelfalls, Eigenschaftslosigkeit von Photonen	Freiheit des Individuums, Unmöglichkeit der Reduktion des Einzelnen, Kreativität
Beobachtung erzeugt Realität	Gedankliche Fixierung führt zur Manifestation, Spiegelsituationen: man erhält, worauf man sich konzentriert
Selbstinterferenz, Welle-Teilchen-Dualismus, ständige Korrelation von Teil und Ganzem	Ständige Verbindung von Individuum und Ganzem, intuitive Erkenntnisse, Tiefenschicht der Wünsche, 'unerwünschte Realitäten', Selbstwahrnehmung jenseits von starren Selbstbildern, Wirksamkeit von Wünschen nur bei spielerischer Einstellung
Nichtlokalität	Resonanz überwindet Raum und Zeit, sinnvolle 'Zufälle', Synchronizität
Nichts (Vakuumenergie, Tachyonen, Neutrinos) als Quelle	Kreativität, Schöpfung von Neuem, Anzapfen des kosmischen Infospeichers und seine Erweiterung, Spiel, Unbeschränktheit von Energie, offene Systeme

Ein quantenphysikalisches Modell des Wünschens

Auch Wünschen ist eine Schöpfung, die durch Gedanken ausgelöst wird und über Quantenprozesse zur materiellen Realität wird.

Quanten sind prädestiniert dazu, eine Brückenfunktion zwischen gedanklicher und Alltagswelt anzunehmen, da sie einerseits jenseits von Raum und Zeit existieren (wie Gedanken) und sich über Raum und Zeit hinweg verständigen können, auf der anderen Seite sich in Raum und Zeit mit definierten Eigenschaften manifestieren können (wie ein materielles Objekt).

Bewußtsein scheint irgend verwandt mit der wechselhaften Natur des Quantenfelds, das von einem ständigen Gewitter entstehender und vergehender Teilchen erfüllt ist, Ausdruck einer schöpferischen Unruhe und keines totalen Chaos. Quanten bewegen sich wie Bewußtsein zwischen Aktualität und Potentialität, zwischen tatsächlichen Ding-und Formhaften und einer unendlichen Fülle von Möglichkeiten. Selbsttätig entstehen in diesem 'Quantenmeer' geordnete Strukturen, die sich in sogenannten Fliessgleichgewichten befinden. So bewegen sich Regulationssysteme in Organismen in polarer Weise um Mittelwerte (Säure-Basen-Haushalt, vegetatives Nervensystem, Hormonhaushalt, Redoxvorgänge, Natrium-Kalium-Pumpe in den Zellen...)

Bewußtsein reitet auf dem 'Chaos', ist ihm aber nicht unterworfen. Es scheitert nicht an einer blindwüchsigen Natur, deshalb ist Schicksal auch keine zufällige Entgleisung, die uns heimtückisch überfällt. Es gibt im ganzen Universum keinen Zufall!

Während Geist völlig immateriell ist, sind die Gedankenformen vermutlich schon mit materiellen Formen verbunden, diese Formen könnten Quanten sein, die im Vakuum zunächst unendlich viele und niedrige wie hohe Frequenzen einnehmen können. Der Gedanke wäre damit eine erste Stufe der

Schöpfung, der auf dem Weg in die materielle Verwirklichung elektromagnetische (Licht) und Gravitations-Wirkungen folgen würden. Diese haben raumzeitliche Existenz (Wellenausbreitung mit endlicher Geschwindigkeit) und einen auf bestimmte materielle Strukturen stärker zugeschnittenen Informationsinhalt.

Alle materiellen Formen setzen bewußte geistige Absicht voraus, in der Natur genauso wie im menschlichen Leben. Bewußtsein erfährt sich selbst im Spiegel des verdichteten Objekts. Zugleich sind alle Formen von Bewußtsein als Geist ungeteilt und bleiben mit dem Feld unendlicher Möglichkeiten, dem Nullpunktfeld, objektiv verbunden. Bewußtsein ist allerdings in der Lage, sich subjektiv von diesem Feld zu trennen, womit es letztlich in eine Sackgasse gerät und seine Lebendigkeit einbüßt. So trennt auch die Macht der Erinnerung das Bewußtsein von seinem Ursprung. Dies geschieht zum Beispiel, wenn im menschlichen Körperbewußtsein, im Zellbewußtsein oder in der Psyche Erfahrungen als so dominierend und absolut abgespeichert werden, daß alle weiteren Erfahrungen nur noch durch die Brille alter Erinnerungen betrachtet werden können. Es ist zu vermuten, daß Zellen sehr machtvolle Speicher für sich wiederholende Gedankenformen und Erfahrungen sind, für Erfahrungen, die mit einem bestimmten kulturellen Lebenshintergrund korrespondieren, aber auch für Gedanken, die verdrängt oder abgedrängt wurden. Arbeiten alle Bewußtseinsformen des Menschen in eine Richtung, so entsteht eine Resonanz, die ein Ereignis sehr schnell in die Wirklichkeit zieht. Besteht aber zwischen diesen Formen ein Widerspruch, so entscheiden die Gedanken mit der höchsten emotionalen Ladung über Realisierung oder Nichtrealisierung. Bei gleicher Intensität kommt es zu einer Nullwirkung durch destruktive Interferenz. Eine hohe emotionale Ladung haben vermutlich Freude und Angst, aber auch Vertrauen.

Ich bin überzeugt, daß sich mit einem solchen Modell der Überlagerung von Bewußtseinsfeldern Erscheinungen erklären lassen, die sonst kaum verständlich sind.

Das seelische Feld des Menschen bildet eine Art Zentrum, das mit dem Körperbewußtsein, einer Art Spezialist für die körperliche Integrität, eng zusammenarbeitet. Der Körper gilt als Spiegel der Seele. Nehmen wir an, ein Mensch hat immer wieder Magen-Darmprobleme, als Spiegel für seine Unterlegenheits-und Minderwertigkeitsgefühle. Letztlich stößt ihn das körperliche Symptom auf seine Gefühlslage und verschwindet erst bei einer seelischen Klärung. Es ist aber durchaus möglich, daß dieser Mensch von einer Heilmethode hört und auf diese seine ganze Hoffnung setzt. Schon durch diesen Glauben kann sich seine Situation verbessern, allerdings meist nicht auf lange Sicht, wenn die seelischen Imbalancen nicht gelöst werden. Dann treten erneut die Verdauungsprobleme auf, oder die Symptome werden in eine andere Körperregion verschoben.

Der Körper reagiert genau auf unsere seelischen Einstellungen, hat aber auch ein eigenes, auf die Erhaltung der körperlichen Integrität fokussiertes Bewußtsein. Letztlich ist Geist unteilbar - sonst könnte der Körper nicht auf unsere Gedanken und Gefühle reagieren - er schafft sich jedoch künstliche Grenzen, um die Auswahlmöglichkeiten einzuengen und sich in spezifischen Wirklichkeiten zu erfahren.

Wir tun besser daran, dem Spezialisten für unseren Körper, einem spirituellen Spezialisten zu vertrauen als ihn ständig zu kritisieren oder bei seiner Arbeit zu beobachten. Mittels unseres Verstandes wären wir nicht eine Sekunde lang in der Lage, unseren Körper funktionstüchtig zu erhalten. Das müssen wir auch gar nicht. Eine Reiter muß nicht durchschauen, wie das Pferd seine vier Beine setzt.

Dasselbe gilt auch für Wunschziele, die wir uns setzen. Es funktioniert umso besser, je unverkrampfter wir uns etwas wünschen. Aber auch, je klarer wir wissen, was wir uns wünschen. Wenn eine Seite in uns 'ja', eine andere aber 'nein' sagt, kann nicht viel dabei herauskommen. Dann überlagern sich die 'Wunsch-Quanten' so, daß sie sich gegenseitig auslöschen. Es erscheint uns dann nur so, daß wir mit unseren Zielen immer scheitern, obwohl wir dieses Scheitern selbst ausgelöst haben. Die Welt scheint gegen uns, obwohl sie minutiös bestimmten Absichten in uns folgt.

Viele Menschen beklagen sich darüber, ausgenutzt zu werden. Aber wollen Sie wirklich frei sein? Oder haben sie Angst vor der 'Leere' der Freiheit und ziehen es deshalb vor, immer für andere da zu sein, sehen darin den Hauptsinn ihres Lebens. Warum beklagen sie sich dann?

Wir sollten lernen, uns ohne Scham zu betrachten, dann können wir herausfinden, was wir wirklich wünschen und unsere geistigen Energien darauf bündeln. Dann werden die Quanten unseren Zielen in hoher Intensität folgen und wir werden schnell mit den gewünschten Ergebnissen rechnen können. Wie wir uns letztlich selbst austricksen und belügen, um unsere Ziele zu verfehlen, davon handelt eines der nächsten Kapitel. Wenn wir dies durchschaut haben, können wir das Vertrauen in unserer Macht am sichersten zurückgewinnen.

Erfolgreich wünschen ?

Ehrlichkeit an erster Stelle!

Hierzulande haben sehr viele Menschen den aufrechten Gang verlernt, sie machen sich künstlich klein, verbiegen sich selber, ihre innere Haltung spiegelt sich in ihrer äußeren wieder. Und einmal mehr erwarten sie dann von 'Göttern in Weiß', sie mögen sie von den Rückenschmerzen, den Nackenverspannungen, am besten noch von der vermeintlichen

Last in ihrem Leben befreien. Nun wollen Götter weiterhin angebetet werden, deshalb sind sie meistens schlechte Lehrer für den aufrechten Gang.

Klarheit ist die erste Bedingung für erfolgreiches Wünschen. Wenn ich nicht hundertprozentig weiß, was ich will, kann ich das Ganze vergessen. Wenn ich Schuldgefühle bei meinen Absichten empfinde oder denke, ich dürfe etwas nicht anstreben aus Rücksichtnahme auf andere Menschen oder wegen verschiedener Ängste, muß ich mich über das Ergebnis nicht wundern.

Wer merkt, daß er nicht mehr wie ein Lemming jede Mode mitmachen muß, nur um 'in' zu sein, der hat das Wichtigste schon geschafft auf dem Weg zur Unabhängigkeit. Mehr und mehr beginnt er auch dem Alleinsein etwas Positives abzugewinnen, und damit meine ich nicht die Art von Alleinsein, die die treuen Freunde des Konsums versüßen helfen, z.B. Alkohol, Musiksucht, Fernsehsucht usw.

Zurück zum Thema 'Klarheit': in der Praxis erlebt man hier oft eine eigenartige Mischung von: das will ich! und: das will ich nicht! was sich dann in solchen Formulierungen niederschlägt wie: eigentlich habe ich keine Zeit dafür, aber ich fahre dich trotzdem nach Hause. Solche Mehrdeutigkeiten in Gesprächen zwischen Menschen sind deutliche Spiegel für die fehlende Bereitschaft, seinen eigenen Maßstab zur Leitlinie des Lebens zu machen. Woody Allen hat die daraus folgenden Kommunikationsprobleme in vielen seiner Filme trefflich aufs Korn genommen, aber letztlich sind sie nicht nur kurios, sondern, wie ich glaube, ausgesprochen ungesund. Wenn man seinem wirklichen Willen ständig zuwiderhandelt, kann man auf Dauer nicht gesund bleiben.

Vor einiger Zeit habe ich mich mit ein paar Freunden zum Frühstück verabredet, der Tisch war gedeckt, ich brachte die Brötchen mit, erwartungsvoll setzten wir uns gerade nieder, als es an der Haustür klingelte. Herein trat eine Nachbarin, setzte sich zu uns und fing an zu erzählen. Kurz fing ich den Blick eines Gastgebers zu unserer kleinen Verabredung auf, und es war nicht besonders schwer zu erraten, was er bedeutete, nämlich soviel wie: das paßt jetzt aber nicht besonders gut! In diesem Moment fragte die Nachbarin: "Sagt mir bitte, störe ich?" Ich dachte bei mir: klare Frage, klare Antwort, und hörte mich dann plötzlich sagen: "Ja!"

Die Nachbarin sprang wie von der Tarantel gestochen auf und verabschiedete sich von uns, nicht ohne immer wieder ihr tiefstes Verständnis für meine Antwort zu beteuern.

Meine Absicht war es beileibe nicht, diese Nachbarin zu verletzen oder zu beleidigen, konnte aber nicht verhindern, daß Sie sich gekränkt fühlte.

Wie laufen denn solche Geschichten im 'Normalfall' ab?

Auf die Frage: "Störe ich?" kommt die wortgewaltige Antwort: "Nein, ganz und gar nicht! Wie kommst du darauf? Du bist immer willkommen..." Gleichzeitig läuft ein inneres Selbstgespräch etwa nach dem Muster: "Muß sie gerade jetzt hier hereinschneien? Wo ich mich so auf das Frühstück zu dritt gefreut habe?! Hoffentlich geht Sie bald wieder!"

Der Frager selbst stellt die Frage "störe ich?" nur floskelhaft, meint sie nicht wirklich ernst. Sie gehört zum Ritual von Höflichkeiten, die ebenfalls mit Höflichkeiten beantwortet werden. Wehe, man sagt da die Wahrheit. Unklar, floskelhaft und ausweichend - so läuft die Alltagskommunikation meistens ab. Jeder kennt die wohl gebräuchlichste Ausrede, wenn man etwas nicht tun wollte, keine Lust dazu hatte: "Ich hatte überhaupt keine Zeit!" und dann der entschuldigende Zusatz: "Tut mir leid!" Tut ihm gar nicht leid, und muß ihm auch gar nicht leid tun, aber der 'nette' Zeitgenosse will ja keinen verprellen, es mit niemandem verderben. Deshalb entschuldigt er sich ständig, vielleicht dafür, daß er eigenen Bedürfnissen den Vorrang gab und unterbewußt noch dafür, daß er jetzt die Unwahrheit sagte, sich selbst und seinem Gegenüber etwas vormachte.

Schuldgefühle spielen in der Beziehung zwischen Menschen eine gewaltige, aber sehr hinderliche Rolle, denn sie bringen uns oft davon ab, unseren wahren Impulsen zu folgen. So kann ein Mensch jahrelang eine enge Beziehung zu einem anderen Menschen unterhalten, obwohl er diesen "eigentlich" - wieder das Wort des Ausweichens - gar nicht will und letztlich beide Partner mit dieser Situation nicht glücklich werden. Was es mit diesen Schuldgefühlen auf sich hat, ist schon näher beleuchtet worden.

An dieser Stelle interessieren Sie mich als Hindernisse , um sich über die eigenen Wünsche Klarheit zu verschaffen und diese auch auszudrücken. Durch die Brille der Schuld zu schauen, heißt das heilige "Ich will!" zu ersetzen durch: "Darf ich das?" "Wer hat recht?" "Wer hat Unrecht?"

Anstelle neutraler Klarheit treten dann wertende Verwicklungen zwischen Menschen, die nicht selten in Feindschaft und Haß enden, traditionellen Kriegen oder auch Rosenkriegen.

Wertungen und Schuldzuweisungen sind aufs engste miteinander verbunden. Beides entsteht durch den grundlegenden Irrtum, sich als Opfer äußerer Umstände zu fühlen. Dieses Gefühl wieder erzeugt die Angst vor der eigenen Klarheit, die Angst davor, Flagge zu zeigen, unabhängig zu werden.

Da streiten sich zwei Menschen, sie wenden sich gegeneinander, also nach außen, geben dem anderen die Schuld, und können so nicht erkennen, was der eine dem anderen widerspiegelt. Im Grunde könnten sie sich dadurch gegenseitig zu mehr Klarheit verhelfen, aber sie haben sich ineinander verbissenen wie zwei Kampfhunde.

Wenn man Ereignisse nicht als Widerspiegelung des Inneren betrachtet, kann man einmal gewählte Programme nicht mehr verlassen, da man sich in einer Art Trance ständig mit dem äußeren Verursacher oder 'Schuldigen' beschäftigt, vorausgesetzt, an einem solchen Ereignis sind andere

Menschen beteiligt, was in den überwiegenden Fällen ja so ist. Dadurch, daß immer wieder neu äußere Feinde aufgebaut werden - dabei können frühere Freunde zu Feinden werden und wieder zu Freunden - wird von der eigenen Verantwortung abgelenkt. Aus diesem Grund sind für viele Menschen äußere Feinde fast lebenswichtig, weil sie sie von dem Druck befreien, das eigene Programm zu durchschauen und gegebenenfalls zu verändern. Klatsch und Tratsch bilden nicht ohne Grund ein beliebtes Ventil.

Pole, die Menschen bilden, die sich anfeinden, sind nur scheinbare Gegensätze, jedenfalls wenn man bedenkt, daß diese sich mit einem und demselben Thema herumschlagen. Mit Hilfe von Gegensätzen werden Themen stabilisiert, und die Menschen drehen sich im Kreise.

Immer sind es die schon erwähnten Schuldzuweisungen, die zur Stabilisierung solcher Themen beitragen. Sie sind einer Art emotionaler Zement, der das Gebäude eigener Gedanken mit dem Gefühl, im Recht zu sein, fast unzerstörbar macht.

Sich aus thematischen Verklammerungen mit Personen zu lösen, ist nur möglich, wenn man keine Bewertungen mehr vornimmt. Respektvolle Distanz ohne Vorwürfe kann Wunder wirken, weil der Streitpartner so in eine Freiheit entlassen ist, in der er fast notgedrungen seinen eigenen Anteil klären muß.Es gibt keine Schuld! Dinge passieren, weil sich Menschen dazu verabredet haben, natürlich mehr oder weniger bewußt! Dabei sind die Motive der Beteiligten wichtig und nicht, was als äußere Handlung sichtbar wird.

Zwei Menschen, die als freigebig und spendabel gelten, können sehr unterschiedliche Erlebnisse haben.

Der eine schenkt vielleicht, weil er und solange er Lust dazu hat, erwartet aber nicht, daß er etwas von der geschenkten Person zurückerhält. Er wird vermutlich keine Probleme mit seiner Großzügigkeit haben. Im Gegenteil! Wahrscheinlich bekommt er von ganz anderen Personen das Doppelte und Dreifache zurück.

Der andere möchte sich vielleicht, unterbewußt, die Liebe anderer Menschen erkaufen oder verausgabt sich aus Angst, Menschen zu verlieren, die ihm lieb und teuer sind. Möglicherweise hat er auch nur Angst, einsam zu sein. Was wird wohl passieren? Er wird Menschen treffen, die schon von weitem riechen, daß man hier etwas 'erben' kann. Wie Motten das Licht werden sie ihn umkreisen, hin und wieder umschmeicheln und bei Laune halten, um etwas von ihm zu bekommen. Ab und zu gerät der Umworbene in Wut über die bösen 'Abzocker', die ihm nichts geben und nur eines im Sinn haben: ihn auszunutzen. Guten Freunden wird er diese Geschichte erzählen und sich bei ihnen Bestätigung für seine Meinung holen. Es sieht ganz so aus - und seine offensichtliche Wut unterstreicht das - daß er all das, was ihm geschieht, gar nicht will. Aber welcher Mensch will sich schon ausnutzen lassen? Nur hat die Einführung dieses Falls plausibel gemacht, daß ihm all das nicht ohne Grund passiert. Und der wahre Grund liegt in ihm selbst, in den wirklichen Motiven für seine Freigebigkeit. Indem er nun auf die Schnorrer schimpft, sich auf Bewertungen dieser 'charakterlich miesen Typen' einläßt, lenkt er sich selbst von der Erkenntnis seiner wahren Absichten ab. Verläßt man die Froschperspektive dieser Verwicklung, so könnte der Ausgenutzte 'seinen Freunden' dankbar sein, denn sie stoßen ihn mit der Nase auf ein Problem in seinem Inneren. Das soll nicht heißen, daß sie das bewußt tun. Deren Motive sind sicherlich ganz andere, z.B. sich möglichst leicht durchs Leben zu schlagen. Ein Tatbestand der Verwicklung von Menschen, aber zwei oder mehr Motive. Das Wichtigste bleibt, die eigenen offensichtlichen und manchmal weniger offensichtlichen Motiven und Glaubenssätze zu klären und gegebenenfalls zu verändern. Weniger wichtig ist es, zu begründen, warum man so und nicht anders denkt, z.B. wegen bestimmter Erfahrungen in diesem oder im vergangenen Leben, soweit man Reinkarnation für eine Realität hält. Man muß sich auf Entdeckungsreise in sein Inneres begeben, sich seine

Motive ungeschminkt vor Augen führen und in sich hinein fühlen, welche emotionale Ladung diese tragen. Motive mit der größeren emotionalen Ladung werden sich manifestieren. Sind Freude und das Gefühl von Macht Emotionen, die das Ersehnte in die Wirklichkeit ziehen, so finden sich auf der negativen Seite vor allem Angst- und Schuldgefühle.

Motive, die man nicht sehen will, sind nicht verschwunden, so wenig wie die Sterne verschwinden, wenn der Tag anbricht. Die Splitter im eigenen Auge, die eigene versteckte, weggedrängte, nicht akzeptierte Wirklichkeit äußert sich notgedrungen in einem äußeren Spiegel, dem Spiegel, den der eigene Körper bildet - dann entstehen Krankheiten - oder dem Spiegel äußerer Ereignisse, den verschiedensten Schicksalsschlägen und Pechsträhnen. Dabei kommt es vor, daß manche dieser Widrigkeiten den daran Beteiligten gar nicht ungelegen kommen.

Ein Bekannter von mir wurde oft von seinen Verwandten um irgendwelche Fahrdienste gebeten. Er brachte es einfach nicht über sich, 'Nein' zu sagen, war aber sehr unzufrieden mit dieser Situation. Er erzählte mir, daß er eines abends alkoholisiert in eine Polizeikontrolle geriet. Ergebnis: ein Jahr Führerscheinentzug. Darüber war er nun gar nicht einmal unglücklich, denn jetzt muß er sich gegen die Forderungen seiner Verwandten nicht mehr durchsetzen, das scheinbar anonyme, aber trotzdem von ihm selbst produzierte Schicksal, in Gestalt zweier Polizeibeamten, hatte ihm diese Mühe abgenommen.

Seinen eigenen Impulsen zuwider zu handeln, kann auf Dauer nicht gut gehen. Dies überhaupt zu erkennen ist der erste Schritt. Er ist unbedingt notwendig und kann von keinem anderen als von mir selbst unternommen werden. Habe ich diese Aufgabe vollbracht, ruft eine Stimme in mir: "Tue es, handle so!" Eine andere Stimme, die Stimme falscher Rücksichtnahme, drängt sich jedoch oft lautstark in den

Vordergrund: "Das kannst du doch nicht machen, du mußt das Gegenteil von dem tun, was du eigentlich willst, das bist Du Deinen Freunden, Bekannten, Partnern, Verwandten usw. schuldig."

Folgt man dieser zweiten Stimme, so fühlt man sich vielleicht oberflächlich im ersten Augenblick wohler. Im nächsten Augenblick merkt man aber, wie man durch den Akt der Selbstverleugnung Energie verliert. So zu handeln wie man wirklich will, kann allerdings auch Energie kosten, aber nur solange man deswegen Gewissensbisse hat oder sich darum sorgt, von anderen nicht mehr respektiert zu werden. Solche Sorgen sind völlig unnötig: Wenn ich anderen Menschen Respekt entgegenbringe, dann wird er sicherlich auch mir nicht verwehrt. Sich mit seinen Willensbekundungen anderen gegenüber abzugrenzen, ist nicht damit gleichzusetzen, ihnen die Achtung zu versagen. Das wird, glaube ich, oft durcheinander geworfen.

Schuldgefühle und Angst bilden oft eine Art Nebel, der eine klare Sicht auf die eigenen Wünsche verhindert. Denn sie stellen die Berechtigung meiner Wünsche von vorneherein in Frage. Darf ich überhaupt wünschen? Habe ich das Recht dazu? Oder muß ich mich als unbedeutend erachten, gemessen an einem 'höheren Gesetz', das mich lenkt oder mir Direktiven gibt, Vorschriften macht? Gefangen in solchen Gedanken, komme ich gar nicht erst dazu, meine Impulse wahrzunehmen. Noch mehr: mein Dasein ist von Schuld durchtränkt, und jedes Beharren auf meinem Willen erscheint als Frevel, Sünde. Wahrscheinlich sind solche Gedanken verbreiteter als angenommen, und zwar auch unter denen, die sich selbst als Atheisten bezeichnen würden.

Passiert diesen Menschen etwas, was sie nicht wollten, so sehen sie darin eine Art Strafe des Himmels für eine 'verbotene Sehnsucht'. Sie verkennen, daß sie in Wahrheit selbst der Himmel sind, sich also selbst 'bestraft' haben. Was ihnen als Maßregelung eines fremden Willens erscheint, ist ihre eigene dunkle, ihnen oft fremde Seite versteckter Motive, die sich vor ihren Augen verwirklicht. Was aussieht wie eine fremde Macht, ist nur der Spiegel ihrer eingebildeten Machtlosigkeit.

Solange sich die Menschen künstlich klein und wertlos machen, werden sie immer wieder neue Ausflüchte haben, um Ihren Wünschen zu mißtrauen. Schließlich verlernen sie es, "ich will!" zu sagen . Statt dessen wächst ihre Sucht, dazu zu gehören, eine Sucht, die von Medien und der Konsumindustrie immer neuen Auftrieb erhält. Die Anwendung von Mitteln der Unterhaltung und Zerstreuung - ein treffendes Wort! - angeblich um der Langeweile zu entfliehen, verstärkt diese Langeweile nur, weil die Sucht, unterhalten zu werden, innere Leere voraussetzt und diese immer wieder neu erschafft. Aber ehe wir auf Betrüger und Manipulatoren schimpfen, sollten wir den größten und wirksamsten Betrug durchschauen lernen: den Selbstbetrug. Manipulation ist ohne Selbstbetrug nicht möglich. Und Selbstbetrug wird genährt durch den unglücklichen Cocktail aus Ängsten, Ohnmachts- und Schuldgefühlen.

Angst und die Suche nach Sicherheiten

Die Angst grassiert. Und wird geschürt. Gegen besseres oder mit besserem Wissen. Angst lenkt ab und hält im Zaum, ist bester Verbündeter der Mächtigen. Die Menschen betäuben sich wie noch nie oder geilen sich an dem immer noch Schlimmeren auf, sehen Horrorfilme im Fernsehen oder verfolgen in einer Mischung von Wonne, Ekel und Wut die Berichte über die sogenannten Kinderschänder. Schon rät ein Politiker auf der Linie der durch die Medien geschürten Hysterie, Kindern Chips einzupflanzen, damit sie immer geortet und überwacht werden können!

Das Klima von Angst kann nur auf dem Boden fehlenden Selbstvertrauens (im Sinne eines Urvertrauens der Menschen) gedeihen. Nur dann fühle ich mich ständig bedroht, ohne direkten konkreten Anlaß, und ich beginne, Angstphantasien zu entwickeln. Nicht nur das, ich handle auch so. Mein Auto versehe ich mit einer Wegfahrsperre und mein Portemonnaie lege ich an eine Kette, um es gegen Diebstahl zu sichern. Gegen jede mögliche Gefährdung, die ich mir vorstellen kann, schließe ich Versicherungen ab. Was kann nicht alles passieren?! Aber: stimmt das denn wirklich? Habe ich nur irgendwie Glück gehabt, wenn mich ein Grippevirus verschont, der andere Menschen vielleicht sogar das Leben kostet? Bin ich verrückt oder ist es eine Art russisches Roulett, wenn ich mich angesichts einer Grippeepidemie nicht impfen lasse?

Ich glaube nicht, daß das etwas mit Glück zu tun hat. Ich könnte die Grippe z.B. gerade deshalb bekommen, weil ich Angst davor habe. Wie wir gesehen haben, wird nicht nur das wirklich, was wir uns wünschen, sondern leider auch das, was wir gar nicht wünschen und wovor wir dazu noch sehr viel Angst haben.

Ich könnte mir aber auch aus anderen Gründen die 'Grippe einfangen', etwa weil ich gerade von irgendetwas die 'Nase voll habe'. Obwohl vielleicht Hunderttausende mit besagter Grippe 'Marke Hongkong' zu kämpfen haben, habe ich auf jeden Fall ganz eigene Gründe, an dieser Grippe zu erkranken oder auch gesund zu bleiben, und nur meine einzigartige psychische Situation ist ausschlaggebend für Krankwerden oder Gesundbleiben. Als im Mittelalter Pestepidemien wüteten, gab es Ärzte, die trotz Kontakts mit den Kranken und ohne besondere Sicherheitsvorkehrungen gesund blieben. Solche Beispiele sind sicherlich auch aus unserer Zeit bekannt.

In jeder Situation seinen eigenen Anteil zu erkennen, ist die entscheidende Voraussetzung dafür, sich von Angst- und Ohnmachtsgefühlen zu befreien und zum bewußten Schöpfer der eigenen Realität zu werden.

Wie alles hat natürlich auch die Suche der Menschen nach Beständigkeit einen ernstzunehmenden Grund. Jeder Mensch möchte etwas Bleibendes, Ewiges sein, und ich glaube nicht, daß man diese Idee einfach als schönen Wunschtraum abtun kann.

Angst vor Identitätsverlust ist vielleicht eine Urangst des Menschen (siehe dazu Kapitel 'Einzelnes').

Daß der Wunsch Vater des Gedankens sei, erklärt nicht, was wiederum Vater des Wunsches sei. Ist dieser 'Vater' nicht eine tieferliegende Ordnung, der wir vertrauen können? In diesem Buch geht es vor allem darum, Spuren dieser Ordnung nachzuzeichnen mit dem Ziel, daß Vertrauen wachsen kann. Dann ist es möglich, sich auch in unsicheren Zeiten oder Situationen nicht aus der Bahn werfen zu lassen. Wem das einer Sonntagspredigt zu ähnlich erscheint, dem sei gesagt:

Ich will nicht in Abrede stellen, daß jeder bessere Pfarrer ehrlichen Herzens für dieses Vertrauen wirbt. Dennoch ist das Ganze keine Frage allzu enger Kirchendogmen, die oft das sogenannte Gottvertrauen im Gegensatz zum Selbstvertrauen bringen. Damit sind wir nur bei neuen Abhängigkeiten, denken wir nur an das sogenannte Heilige Band der Ehe, das Menschen verbietet sich zu trennen, auch wenn ihre Beziehung ihnen keine Perspektive mehr bietet. Neben den Schuldgefühlen, die Menschen hier eingeredet werden, verhindern solche kirchlichen Dogmen auch die Befreiung von trügerischen Sicherheiten in Beziehungen, nebenbei gesagt auch ein zentrales Gebiet, in dem die Menschen sich ihre Sehnsucht nach Sicherheit zu erfüllen hoffen.

Um kirchliche Gewässer im Umgang mit Vertrauen zu verlassen und dieses Wort nicht den kirchlichen Predigern zu überlassen, will ich nur kurz anmerken, daß auch die Wirtschaft hinter die Bedeutung von Vertrauen gekommen ist. Nicht umsonst heißt es in einem gar nicht so dummen Werbespruch: "Vertrauen ist der Anfang von allem!" Ich behaupte, daß wir ohne ein gewisses Maß an Vertrauen keinen Tag existieren könnten, so daß selbst die eingefleischtesten Atheisten noch - allerdings nicht im kirchlichen Sinne - Gläubige genannt werden könnten! Jede Nacht überlassen wir uns dem Schlaf- und Traumgeschehen, der Vorgang des Einschlafens selbst verlangt ein notwendiges Maß an Entspannung und Kontrollverlust. Oder können wir etwa einschlafen, wenn wir ständig daran denken (was ja meist bedeutet, daß wir daran denken, daß wir noch nicht eingeschlafen sind)? Mit der Kraft des Willens lassen sich wohl Körpervorgänge steuern, z.B. Pulsschlag, Atemfrequenz, Blutdruck usw., einige Yogis demonstrieren solche Fähigkeiten. Dabei vertrauen Sie aber, wie ich glaube, auf die eigene Weisheit des Körpers, seiner Zellen, seine Organe, so wie ein Reiter seinem Pferd vertraut. Es ist sicherlich möglich, mit der Macht des Geistes den Herzschlag zu verlangsamen oder zu beschleunigen. Dazu muß ich aber nicht wissen, wie das Herz aufgebaut ist oder wie es genau funktioniert. Im Gegenteil! Beobachte ich das Herz zu stark, ertappe ich mich vielleicht irgendwann bei der Frage, wie es überhaupt schlagen kann. Die Angst, daß es aufhören könnte zu schlagen, wird vielleicht so stark, daß ich eine Herzneurose bekomme, vielleicht sogar mit dem Ergebnis, daß ich auch physisch nachweisbar herzkrank werde.

Angst kann töten! Sie hält mich in einem Teufelskreis von Gefühlen, ständig bedroht zu sein. Und mit wirklichen Gefahren, die diese Phantasien anziehen, bestätige ich nur meine angsterfüllte Stimmung!

Natürlich kann man versuchen, Angst aus dem Bewußtsein zu verbannen, zu verdrängen. Man kann sich mit Alkohol betäuben, sich in äußeren Sicherheiten wiegen, eine Beziehung nach der anderen eingehen oder glauben, alles mit der Kontrolle des Verstandes lösen zu können wie mancher intellektuelle Wissenschaftler meint.

Letztlich gibt es aber nur einen Weg, frei von Ängsten zu werden, und auf die Gefahr hin, mich zu wiederholen, nenne ich den einzigen Namen für diesen Weg: Vertrauen!

Um dahin zu gelangen, ist es wahrscheinlich für sehr viele Menschen wichtig, daß sie ihren Verstand beruhigen, ihn entspannen, auch mit Hilfe eines anderen Wirklichkeitskonzepts, das die Physik nahelegt. Auf diese Weise könnte der Verstand mithelfen, immun zu werden gegen das gefährlichste Virus unserer Tage, das 'Angstvirus'!
Natürlich haben Menschen immer auch mit ihrer Angst eigenartige Spiele gespielt. Es gab schon immer eine Lust am Gruseln, am Schaudern. Was früher die Gruselgeschichten waren, das heißt heute Reality-TV. Oder Tagesschau? Unterschwellig bleibt hier vielfach ein fader Nachgeschmack aller möglichen Gefahren, Gefahren, die für mich nicht wirklich bestehen und mir doch den Angstschweiß ins Gesicht treiben. Doch Gott sei Dank, ich bin noch einmal davongekommen, mein Haus steht noch und ist nicht von einem Hurrikan dem Erdboden gleichgemacht worden. Und Gott sei Dank bin ich noch nicht krebskrank so wie Frau XY in einer der vielen Arztserien YZ. Noch nicht?
Früher hatte ich das, wovor ich Angst hatte, vor Augen. Dem konnte ich mich stellen und dann vielleicht feststellen, daß alles doch nicht so schlimm ist. Ich lief in einen dunklen Wald und mußte zu meinem Erstaunen feststellen, daß ich noch lebte, wenn ich dort wieder rauskam. Heute im Fernsehzeitalter ist die Gefahr oft weit weg und doch (in der Phantasie und dann oft auch in der hormonellen Reaktion des Körpers) ganz nahe. Aber ich kann zu wenig direkte Erfahrungen mit der Gefahr machen. Wenn mir der Verlust meines Arbeitsplatzes droht, bin ich gezwungen, mich auf diese Situation einzustellen. Wenn ich jeden Tag in der Zeitung von steigenden Arbeitslosenzahlen lese, worauf soll ich mich dann einstellen? Bei vielen Menschen verstärken solche Nachrichten aber ihre Zukunftsängste und bewirken damit Dauerstreß. Es geht natürlich nicht darum, solche Informationen zurückzuhalten. Es kommt aber darauf an, anders mit diesen Nachrichten umzugehen.

Was anderen geschieht, das muß nicht auch mir passieren. Mehr noch: Vieles davon kann mir gar nicht passieren, da es immer mein persönliches bewußtes und unbewußtes Einstellungsmuster ist, das Ereignisse und Situationen erzeugt. Das gilt immer und für jeden Menschen, ob klein oder groß.

Der Schutz der Kinder ist den Deutschen neuerdings ein sehr wichtiges Anliegen, nur setzen leider die meisten - auch das ist typisch - auf äußere Regelungen und Gesetze und: die Verbreitung von Angst. Hilfreicher wäre es, Kinder von Anfang an mit dem Bewußtsein auszustatten, machtvolle selbstverantwortliche Wesen zu sein. Letztlich kehrt sich die Überbetonung von Schutz immer gegen den Schützling selbst. Ein Beispiel dafür sind Eltern, die ihre Kinder in Watte packen und so eigentlich Unsicherheitsgefühle bei ihren Zöglingen nur verstärken.

Natürlich gibt es so etwas wie eine nützliche Routine, aber sie ist nur so lange nützlich, wie sie es erlaubt, zu neuen Ufern aufzubrechen.

Laufen lernen - das ist eine Aufgabe, die ich mir nicht immer wieder neu vornehme, nur damit das Laufen nicht zur Routine wird. Wenn ich aber immer wieder dieselben Wege gehen, dann ist nicht nur die Tätigkeit des Laufens eine langweilige Routine, sondern auch mein Lebensalltag. Statt immer wieder dieselben ausgetretenen Pfade zu benutzen, kann ich auch gleich zu Hause bleiben.

Besonders in unserem Land werden Routine und Ordnung sehr groß geschrieben, Ordnung ist hier eben mehr als das halbe Leben. Es regiert der Wahn, alles und jedes zu regeln und vorzuschreiben. Atemholen nur nach Aufforderung? Sicherlich etwas überspitzt, aber an einem kleinen Beispiel aus meiner Umgebung will ich illustrieren, was ich meine:

Ich wohne in der Nähe eines Platzes mit Kreisverkehr mitten in Dortmund. Von diesem Kreisverkehr aus führen sechs Straßen weg oder hin, wie man es auch betrachten will. Früher floß der

Verkehr hier relativ reibungslos. Im großen und ganzen achteten die Autofahrer darauf, Fußgänger an den sechs Ausfahrten über die Straße zu lassen. Das System basierte auf gegenseitigem Respekt und jeweiliger konkreter Absprache zwischen Fußgänger und Autofahrer. Dadurch war es auch sehr flexibel. Stand kein Fußgänger an der Straße, darauf wartend hinübergelassen zu werden oder sich selbst ein Schlupfloch zwischen den Blechkarossen suchend, so war natürlich auch keine Absprache zwischen den Verkehrsteilnehmern nötig: der Verkehr konnte fließen! Diese Zeiten sind inzwischen vorbei, seitdem die Stadt den Platz umbaute, die Ausfahrten mit Ampeln versah und damit ein völlig unflexibles, aber endlich geregeltes System der Verkehrsführung installierte. Vom Fließen des Verkehrs kann jetzt besonders in Spitzenzeiten kaum mehr die Rede sein, denn jetzt stehen nicht nur die Autos an den Ausfahrten des Platzes, wenn Fußgänger die Ampelanlage betätigen, auch die Fußgänger stehen an diesen Ampeln, denn gewöhnlich dauert es eine gewisse Zeit vom Betätigen der Ampeln bis zum Umspringen auf grünes Licht. Ergebnis: riesige Rückstaus an diesem Platz, zum Teil bis in die Innenstadt hinein, weitaus mehr Auspuffgase, Geschäftsaufgaben aufgrund abnehmender Einkäuferzahlen.
Manchmal scheint es mir, als werde jede Bewegung (der Verkehr steht gleichnishaft dafür) hierzulande entweder verhindert oder reguliert. Gegen die Selbstorganisation von Bewegung und Bewegungen herrscht ein tiefes Mißtrauen. In vielen anderen Ländern unseres Kulturkreises ist das nicht wesentlich anders. Das geschilderte Beispiel zeigt uns wie in einem Spiegel, was wir evtl. noch an eigenem Sicherheits- und Regelungsfanatismus mit uns herumschleppen.
Was nicht geregelt wird, das wird zur Beute des Chaos - und dahinter lauert der Tod - so könnte man einen zentralen Glaubenssatz nennen, den viele Menschen (nicht nur) hierzulande in sich tragen. Eigenartigerweise zeigen natürliche Systeme in ihrer Fähigkeit zur Selbstregulierung, daß genau das

Gegenteil richtig ist: letztlich führt Widerstand gegen Veränderungen zum Tod. Veränderungen selbst verlaufen niemals chaotisch, sondern folgen einer eigenen Logik, wenn auch oft nicht der des angstvoll um Sicherheiten bemühten Menschen.

Angesichts der Zeitenwende, in der wir uns befinden und agieren, gibt es im Grunde zwei Möglichkeiten der Einstellung: Angst zu haben vor dem Unbekannten, das vor uns liegt, oder Vertrauen in dieses Unbekannte zu entwickeln. Vertrauen zu haben heißt zugleich Abschied zu nehmen vom Denken in geschlossenen Systemen. Schaffen wir den Sprung, dann winkt uns reichlicher Lohn, denn wir werden feststellen, daß wir aus einem Alptraum erwachen, indem wir ständig Angst hatten, etwas zu verlieren. Wir werden merken, daß es gar nichts zu verlieren gibt, schon gar nicht unsere Individualität, sondern reichlich zu gewinnen. Erst die Befreiung von Angst ermöglicht es schließlich, die Menschen und Ereignisse in unser Leben zu ziehen, die wir uns wirklich wünschen. Solange wir uns als machtlose Opfer der Umstände betrachten, werden wir dazu niemals in der Lage seien und bleiben wahre Meister darin, uns ständig selbst 'Beinchen zu stellen'.

Kulturelle Strickmuster als Hemmnisse

Unsere Kultur betont einseitig die Bedeutung des Verstandes, der uns gleichzeitig befreien und einengen kann. Die Befreiung liegt in der Aufforderung, seinen eigenen Kopf zu gebrauchen und sich von Dogmen, auch den religiösen, freizumachen. Einengend ist der Verstand, da er sich seiner Natur gemäß mit Grenzen und Teilungen beschäftigt. Numinose und nicht-kausale Vorgänge, wie sie zum Beispiel für schöpferische Prozesse, das Wesen von Geist und Materie, das Wesen der

Liebe, die Quelle biologischen Lebens, den Ursprung des Universums u.ä. charakteristisch sind, sind dem Verstand fremd.

Gegenüber der Tendenz, daß der Verstand auf sich gestellt dazu neigt, neue dogmatische Modelle in der Wissenschaft zu erzeugen, haben in der einen oder anderen Weise viele bedeutende Wissenschaftler hingewiesen. Einsteins Pionierleistung liegt nicht nur in seinen physikalischen Erkenntnissen, sondern auch in einem neuartigen synthetischen Verständnis vom Denken, bei dem Intellekt und Intuition Hand in Hand gehen sollten.

Zwillingsbruder des reinen Verstandes aber ist die Angst: Angst vor materieller Unsicherheit, Angst vor Krankheiten, Angst alleine zu sein, Angst vor schlechtem Image, Angst vor dem Tod, Angst vor Veränderungen, Angst vor unerfüllten Erwartungen usw.

Unsere 'vernünftige' Kultur hat die Ängste nicht vertrieben, sondern höchstens besser unter den Teppich gekehrt durch Geschäftigkeit, Hektik und Lärm. Bisweilen erinnern Menschen unserer Tage an Wanderer, die pfeifend durch einen dunklen Wald spazieren, um ihre Ängste zu vertreiben. Die Angst bleibt, solange wir unser Leben durch die Brille einer Wissenschaft betrachten, die exakte Objektivität auf ihre Fahnen geschrieben hat.

Noch hat sich nicht überall herumgesprochen, daß diese Objektivität seit den Entdeckungen der Quantenphysik überholt ist. Wer sich diesen alten Hut aufsetzt, sägt im Grunde an dem Ast, auf dem er sitzt, denn er beraubt sich eines erweiterten magischen Blicks auf das Leben und den Kosmos, in dem er agiert.

Aber auch davor hatte er vielleicht Angst, da er es mit seinem Verstand nicht begreifen kann. Und so bleibt ihm nur, seine Angst, die er nicht wahrhaben will, mit wortreichen Angriffen auf den neuen Aberglauben und die anwachsende 'Esoterikflut' zu kaschieren.

Kirche und orthodoxe Wissenschaftsgemeinde tuten hier in dasselbe Horn: viele Kirchenvertreter befürchten die individuelle Stärke, die Menschen ausstrahlen, die der inneren Gewißheit ihrer Intuitionen folgen. Sie fürchten ihren eigenen Machtverlust als 'Spezialisten für Numinoses' und opfern das Geheimnisvolle auf dem Altar eines dünkelhaften Verstandes. Es bedarf keiner prophetischen Fähigkeiten, um vorauszusagen, daß sich die Kirche damit ihr eigenes Grab geschaufelt hat. Je mehr Menschen erkennen, wie wichtig Selbsterkenntnis in der Einheit von Verstand und Gefühl ist, desto weniger brauchen sie einen fremden Ort und ein besonderes Dogma für die Grenzfragen. Die Redlichkeit von einfachen Kirchenanhängern soll damit keinesfalls in Zweifel gezogen werden.

Fortschrittliche Naturwissenschaftler bereiten das intellektuelle Klima vor, in dem es immer mehr Menschen gelingt, die Knoten alter Glaubenssätze zu entwirren und damit die Macht über ihr Leben wiederzugewinnen. Sie werden weiteren Menschen helfen, sich von den Altlasten zu befreien und neu zu orientieren.

Wir haben uns in einem Netz verheddert, und es ist schwer, sich aus diesem Netz zu befreien, wenn wir immer nur kleine Löcher hineinschneiden. Was wir über die Welt und unser Leben denken, ist nicht nur auf unserem 'eigenen Mist gewachsen', fügt sich aber mit unseren persönlichen Vorstellungen und Erfahrungen zu einem Gesamtbild zusammen, wird quasi zu unserer zweiten Natur. Die (zeitweilig sinnvolle) Illusion einer von uns unabhängigen Außenwelt ist ein uralter Grundmythos unserer westlichen Kultur. Hier trifft sich das Alltagsbewußtsein mit dem alten wissenschaftlichen Modell von Forschen und Erkennen. Die Folgen für unser Leben wurden schon beschrieben:

Zunächst nehmen wir die Dinge so wahr, wie es unserer Grundgestimmtheit entspricht. Dann verstärken wir selbst durch die Ereignisse, die wir anziehen, unsere Grundstimmung und unsere Glaubenssätze. Es kommt zu einer sich ständig verstärkenden und hochschaukelnden Rückkopplung zwischen Gedanken und Erfahrung.

Sind wir pessimistisch gestimmt, zählen wir nur die roten Ampeln, vor denen wir warten müssen. Wir fühlen uns ständig aufgehalten, im Fluß blockiert, obwohl wir vielleicht sogar öfter 'Grün' gesehen haben. Schließlich 'produzieren wir' rote Ampeln, ohne unsere eigene Täterschaft dabei zu begreifen. Wir meinen, wir hätten nur rein objektive Beobachtungen angestellt. Wir sitzen in einer selbst gebauten Falle.

Solange wir nur unserem Verstand trauen, werden wir alle anderen Annahmen über die Natur der Realität in Einklang mit unserer Kultur als verrückt und absurd zurückweisen. Dabei gibt es längst neue wissenschaftliche Erkenntnisse und Experimente, die ein anderes Wirklichkeitsmodell nahelegen. Aber der Verstand möchte immer neue unbezweifelbare Beweise, die er nicht bekommen kann, zumal sich seine Skepsis in den Erfahrungen widerspiegelt (Grund für das Fehlschlagen vieler parapsychologischer Experimente). Zweifeln ist die zweite Natur des Verstands und mit dem Glauben verschwistert. Erst wenn der Verstand mit der intuitiven Seite fruchtbar zusammenarbeitet, kann sich eine Art kritisch geprüfter innerer Gewißheit entwickeln.

Bevor das geschehen kann, tut es Not, den alten Schutt - auch unter Mithilfe des Verstandes - wegzuräumen. Denn neben dem erwähnten Grundmythos gibt es eine ganze Reihe weiterer Vorstellungen, die uns dazu anstiften, nicht selbst Verantwortung für unsere Wirklichkeit zu übernehmen. Dazu gehören vor allem:

- der Schicksalsglaube ('Karma'), Glaube an jegliche Vorherbestimmung, wie er sich in östlichen und westlichen Traditionen findet,
- alle Vorstellungen, die mit Schuld und Sühne einhergehen,
- der Glaube, das Leben sei ein willkürliches Zufallsspiel,
- der Glaube, die Umwelt präge und bestimme unser Leben,

- der Glaube, unsere genetischen Anlagen bestimmen unser Leben.

Um von vorneherein Mißverständnissen vorzubeugen: es liegt mir fern, die Bedeutung der genetischen Ausstattung zu leugnen. Zwei völlig verschiedene Dinge sind es aber, ob man die Gene verantwortlich für das Leben macht oder diese lediglich als Ausgangsrahmen betrachtet, in dem sich das Leben nach eigener Verantwortung entfalten kann! Das ist weit mehr als eine spitzfindige Unterscheidung! Selbstverantwortung ist eng verkoppelt mit der schon beschriebenen Unvoraussagbarkeit natürlicher Prozesse, die schon auf der Ebene der Quanten existiert. Gäbe es diese Unvoraussagbarkeit nicht, brauchte und könnte ich auch gar nicht selbst das Steuer in die Hand nehmen.

Aber will ich das auch? Das Gefühl der eigenen Kleinheit und Ohnmacht, wissenschaftlich oder religiös begründet, hat den Menschen nicht gerade dazu beflügelt, für Freiheit und Selbstverantwortung einzutreten. Mehr noch: er hatte lange Zeit Angst vor seiner eigenen Freiheit, die ihm in religiösen Dogmen sogar als frevelhaft ausgelegt wurde. 'Frevelhaftes' Handeln rief den Zorn der göttlichen Seite hervor, im antiken Griechenland, im alten Ägypten nicht anders als im alten jüdischen Glauben.

Erst das Christentum verwandelte den zornigen auf Rache bedachten Gott in einen liebevollen und vergebenden. Unabhängig davon durchtränkte der Glaube an ein vorherbestimmtes Schicksal so gut wie alle Weltreligionen. Nicht immer erscheint dieses Schicksal von A bis Z vorausgeplant, so daß der Mensch bloß noch eine Puppe in einem göttlichen Marionettentheater darstellt. Er selbst wird auch zum Auslöser dieses Schicksals kraft seiner eigenen Taten, verdient sich mit den guten Taten das Himmelreich (christliche Tradition) oder kann sein nächstes Leben, seine nächste Wiedergeburt positiv beeinflussen (westliche Religionen, Karma- Idee).

'Karma' in dem Sinne, daß man erntet, was man sät, kommt der Idee eines neutralen Spiegels sehr nahe, einer Idee, bei der ein urteilender oder gar strafender Gott gar keine Rolle spielt.

Der Glaube an ein Karma schließt aber gewöhnlich ein, daß vergangene Handlungen eine Macht darstellen, die größer ist als die Möglichkeit des Menschen, jederzeit einen anderen Weg zu beschreiten. Da man immer auf frühere Taten oder Leben schielt, fühlt man sich notgedrungen entweder zu gut (ich war ein Heiliger) oder zu schlecht (ich war ein Mörder), nie aber wie sich selbst. Die Herrschaft der Vergangenheit über die Gegenwart ist ein typisches Konzept des von Zeit und Kausalität ausgehenden Verstandes, im übrigen hauptverantwortlich auch für Scham- und Schuldgefühle. Diese stellen - wie schon beschrieben - ein gewaltiges Hindernis für ein wahrhaft eigenverantwortliches Leben dar. Was der Verstand damit zu tun hat, ist schnell aufzuklären: er bedient sich eines Tricks, oder anders gesagt: wir tricksen uns auf diese Weise selbst aus. Der Verstand bedient sich unserer gegenwärtigen Meinung zu unseren vergangenen Handlungen, nicht um sie sich neutral anzuschauen, sondern um sie zu bewerten. Da Zeit aus der Sicht des Verstandes eine geradezu zementene Realität besitzt, tritt an dieser Stelle eine Entzweiung auf. Sie ist sinnvoll, aber nur wenn sie nicht verabsolutiert wird. Alles, was wir getan haben, war zu seiner Zeit nicht nur richtig, sondern sogar notwendig, denn wir haben eine Entscheidung gefällt, die damals nicht anders ausfallen konnte. 'Je ne regret rien!' ('ich bereue nichts') bedeutet aber nicht: Ich würde heute alles noch einmal genauso tun. Das wird oft verwechselt. Ein freudiges Akzeptieren früherer Handlungen und Ideen - auch der unangenehmen - steht nicht notgedrungen Pate bei deren Wiederauferstehung in der Gegenwart. Die 'Zeitreise' des Verstandes führt dazu, daß wir immer wieder von unserer Vergangenheit eingeholt werden, genauer von einer bestimmten Sichtweise auf diese Vergangenheit, die wir auf diese Weise zementieren. Unsere

Handlungen plus ihrer Bewertung scheinen mit unauslöschlicher Tinte in unser Lebensbuch geschrieben zu sein. Wir sprechen über vergangene Ereignisse wie über materielle Dinge, die wir gerade vor unseren Augen haben. Aber ist Zeit so etwas dinglich-Festes wie der Stuhl, auf dem ich sitze? (Lassen wir einen Augenblick die Frage außer acht, ob der Stuhl etwas Festes ist oder nur von uns so wahrgenommen wird!).

Eines ist wohl deutlich geworden: das Schicksal des Verstandes ist eng an das Schicksal der Zeit gebunden. Aber hat deshalb das, was wir als Zeit berechnen, eine absolute Gültigkeit? Zeit ist eine der vielen Wirklichkeiten, mit denen wir ständig umgehen, die wir aber nicht wirklich verstehen. Unsere vielen leise oder laut tickenden Uhren gaukeln uns vor, wir könnten die Zeit verstreichen sehen. Ich will mich nicht allzulange bei der wachsenden 'Zeitkritik' unserer Tage aufhalten, die zum großen Teil darin besteht, daß sie immer schneller zu vergehen scheint, wir nie genug Zeit haben, obwohl wir dieselbe ständig sparen. 'Zeitkritisches' kommt auch aus den Reihen der Wissenschaft, vor allen von Physikern, Physiologen (siehe Libets Versuche) und Psychologen, schließlich den Erforschern paranormaler Phänomene wie der Präkognition (Voraussehen zukünftiger Ereignisse). So zitiert der Physiker P. Davies, der dem Phänomen 'Zeit' ein ganzes Buch widmete, den Philosophen Jack Smart mit der entwaffnenden Frage: 'Wie schnell fließt die Zeit?' Dazu schreibt Davies:

"Jeder von uns kennt die Antwort: 1 Sekunde pro Sekunde. Das heillose Durcheinander der Metaphern wird mit einem Schlag deutlich. Geschwindigkeit ist definiert als die Entfernung, die pro Zeiteinheit zurückgelegt wird. Wie kann die Zeit etwas in der Zeit zurücklegen?"[27]

Zeit hat also vermutlich etwas mit Raum zu tun, bekanntlich auch in der Einsteinschen Sichtweise, dennoch existieren offensichtlich physikalische Vorgänge, bei denen gar keine Zeit vergeht, wie die erwähnten Photonenexperimente beweisen

(verschwindet für Photonen auch der dreidimensionale Raum?). Ist das seelische Zeitempfinden rein subjektiv oder steht es in einer rätselhaften Beziehung zur physikalischen Welt? Das vielfach bestätigte Phänomen der Präkognition spricht dafür. Auch die sogenannten Synchronizitäten, denen Jung und Pauli nachgingen, gehören in diesen Zusammenhang. Solches Ausklinken aus der Zeit in der Zeit setzt voraus, der Intuition zeitweise auf Kosten des zeitlich arbeitenden Verstandes die Führung zu überlassen, durch Hingabe an die Gegenwart. Die Gegenwart ist das wahre Tor zur Zeitlosigkeit. Was gemeinhin als Gegenwart bezeichnet wird, ist gar keine echte, sondern nur wie die infinitesimale Annäherung an die Polstelle einer mathematischen Kurve, und zwar von der Seite der Vergangenheit und der Seite der Zukunft her. Gegenwart ist nach alltäglichem wie auch nach dem klassischen physikalischen Verständnis ein Punkt auf einer Zeitachse, aber nicht Zeitlosigkeit im Sinne immerwährender Gegenwart. Der Verstand transportiert ständig etwas von dem, was war oder was sein wird, in die Gegenwart hinein. Im Verein mit intuitiver wirklich gegenwärtiger Erkenntnis vermag er allerdings mehr als ständig neue Sorgen und Ängste über die Zukunft zu produzieren, kann dazu beitragen, innere Gewißheiten in konkrete Handlungsschritte zu übersetzen.
Trotz allem bleibt Zeitlosigkeit un-verständ-lich, eigenartig paradox. Zeitreisen, die das sogenannte Großmutter-Paradoxon erzeugen, Wirkungen, die vor der Ursache eintreten - für den Verstand 'böhmische Dörfer'. Noch etwas 'schwer Verdauliches' kommt hinzu:
Wir verknüpfen Entwicklung und freien Willen eng mit einer offenen zukünftigen Zeit und meinen deshalb, Zeitlosigkeit lasse die Welt gefrieren, alles stehe dann schon fest. Die von Jane Roberts vorgeschlagene Lösung dieses Dilemmas, einen Einfluß auf Zukunft und Vergangenheit als real anzusehen, scheint uns allerdings ebensowenig akzeptabel, weil wir davon ausgehen, daß vergangene Ereignisse in der Tat feststehen.

Aber wer ist 'wir'? Müssen wir davon ausgehen, daß die Sichtweise des Verstandes einzig und allein richtig ist? Wir müssen es nicht, aber wir tun es oft, um nicht als verrückt und anormal zu gelten. Und was ist der Preis dafür? Selbstzweifel und Angst vor der Zukunft - Attribute einer Verstandesorientiertheit, die eine negative Einstellung zum Leben hervorruft. Und gerade in dieser Hinsicht hat unsere Kultur genügend zu bieten, 'Leitsätze' wie: Das Leben ist vergänglich! Das Leben ist ein ständiger Kampf! Das Leben ist eine ernste Angelegenheit!

Sind wir ständig gezwungen, unsere Existenzberechtigung unter Beweis zu stellen, indem wir noch schneller, noch schlauer, noch besser als alle anderen sind? Für den Verstand ist typisch, daß er mißt und vergleicht, aber Vergleiche sind nur möglich in bezug auf eine vorgegebene Eigenschaft. Da das Individuum nicht die Kombination bestimmter Eigenschaften ist, sind Individuen (lateinisch: die Unteilbaren) unvergleichlich. Einfach da zu sein reicht aus, um dem Universum eine einzigartige Note hinzuzufügen. Wer sein Existenzrecht aber aus der Konkurrenz der Allerbesten herleitet, bewegt sich auf sehr brüchigem Boden. Als sogenannter Gewinnertyp hetzt er sich ab, um an die Spitze zu kommen; dann hetzt er sich, um seine Verfolger abzuschütteln, die ihm dicht auf den Fersen sind. Eigentlich kommt er nie zur Ruhe, schon gar nicht, wenn er seine führende Position halten und verteidigen will. Er lebt in ständiger Angst, nicht gut genug zu sein oder noch besser sein zu müssen. Wir beobachten es bei sportlichen Wettkämpfen: die Führung zu verteidigen ist erheblich schwerer als aus einer hinteren Position die Führung zu erringen.

Das ist bestimmt ein Grund, weshalb Radfahrer sich auf langen Rennen in der Spitzenposition abwechseln. Auf einem hinteren Platz kann man immer noch nach vorne gucken, hat ein Ziel, an dem man sich messen, das man erreichen will. Ganz vorne ist man ziemlich einsam. Man lebt eher in der Angst, die Führung nicht halten zu können als in der Hoffnung, die Führung zu erreichen.

Für viele Menschen ist das Leben eine Veranstaltung, auf der man ständig darum ringt, der Erste zu sein. Im ständigen Vergleichen mit anderen verlieren sie aus den Augen, daß es nur darauf ankommt, daß sie in ihrem Leben der Erste sind.

Ein ganz alltägliches Beispiel soll für viele ähnlich geartete stehen:

Es ist mal wieder Weihnachten, und alle befinden sich im 'Einkaufsstreß'. Während der Fahrt in die Stadt bewegt die meisten nur eine Frage: Werde ich einen Parkplatz für mein Auto bekommen? Um hier erfolgreich sein, muß ich nicht schneller sein als alle anderen (was auch unmöglich ist), ich muß 'nur' zur rechten Zeit am rechten Ort sein, nämlich da, wo gerade ein Autofahrer einen Parkplatz, auf dem er stand, frei macht. Seinem eigenen Tempo zu folgen, kann nicht nur passender, sondern auch schneller sein, wie das Beispiel zeigt. Da sich der Verstand nur angstvoll mit Statistiken beschäftigt ('die Stadt ist proppenvoll, wie soll ich da noch einen Parkplatz bekommen'), ist er in solchen Situationen wenig hilfreich, es sei denn er meldet mir ein Parkhaus in der Stadt, das gerade eröffnet hat und noch wenige kennen.

Erfolgreicher ist gewöhnlich der, der erstens darauf vertraut, einen Parkplatz zu bekommen, und zweitens seine Intuition ins Spiel bringt. Denn mithilfe der Intuition kann er entsprechend seinem Ziel (hier Parkplatz) die notwendigen Leitsignale empfangen. Der Verstand ist hier überfordert, würde nur seinen Aufgabenbereich mit wenig Erfolg überschreiten.

Möglicherweise ist es weit mehr als bloß eine Analogie, wenn man sagt:

Was beim Licht die lokale Teilcheneigenschaft, ist beim Selbst der Verstand. Was beim Licht die nichtlokale Welleneigenschaft, ist beim Selbst die Intuition.

In unserer Kultur spiegelt sich eine Orientierung auf den Verstand darin wider, daß ein nützliches Schrumpfen von räumlichen und zeitlichen Entfernungen durch höhere Mobilität und ständige Erreichbarkeit (Telekommunikation) leicht zum Selbstzweck wird und der Bezug dieser Technik zu den eigenen Zielen aus dem Blick gerät. Immer schneller zu sein macht oft nicht wirklich schneller, noch öfter aber nicht glücklicher.

Wenn es uns gelingt, unser Selbstvertrauen aus eigenen Quellen zu speisen, können wir dem 'Kampf ums Dasein' ein wenig den Rücken kehren und das Leben mehr von einer spielerischen Seite betrachten. Dies wird auch der Erfüllung unserer Wünsche mehr Kraft verleihen. Und unserer kreativen Seite! Wenn Verstand und Intuition, neue Wissenschaft und unvoreingenommene Selbstwahrnehmung Hand in Hand arbeiten, können wir die Macht über unser Leben zurückgewinnen, jenseits der Angst und jenseits einer klinisch reinen Objektivität, wie Sie uns die 'Expertengeschwader' verheißen. Sie irren sich gewaltig, wenn sie hier nur die Hirngespinste von Menschen vermuten, die in einer Tour Räucherkerzchen anzünden.

Spiegel 'Realität', Realität 'Spiegel'

Mit einer gewissen Berechtigung zerschneiden wir unser Leben in zwei Welten, eine Welt, die sich außerhalb von uns befindet, und eine Welt in uns, die Welt der Träume, Gefühle, Visionen, Ideen. Die Außenwelt gilt als das eigentlich wirkliche, während der Innenwelt der Charakter des verspielt-Wechselhaften, rein-Subjektiven zugemessen wird. Besonders Träume werden meist als 'Schäume' angesehen, bestenfalls als sogenannte 'Tagesreste', als dramatische Verarbeitung von Alltagserlebnissen. Beispiele, die darauf hindeuten, daß Träume sehr viel mehr sein könnten, wie Fälle von präkognitiven oder synchronen Träumen zeigen, in denen sich in der Traumwelt zwei Personen treffen, werden immer noch kaum ernst genommen, so unverwundbar ist der Glaube an den Vorrang der äußeren Wirklichkeit. Daran haben auch die virtuellen Computerwelten nichts Grundlegendes geändert.

In einem alten chinesischen Gleichnis wird ein Traum auf eine völlig neue Weise erzählt. Es heißt darin sinngemäß: 'Gestern träumte ich, ich sei ein Schmetterling, der durch die Lüfte flog. Jetzt frage ich mich: bin ich ein Mensch, der träumte ein Schmetterling zu sein oder bin ich ein Schmetterling, der träumt, ein Mensch zu sein.

Spinnerei oder ein lehrreiches Spiel mit den Realitäten?

Längst ist bekannt, daß die Sinne uns gar nicht die gewohnte Realität zeigen, wenn nicht unser Gehirn die Sinneseindrücke verarbeitet, ordnet, filtert und deutet. Offensichtlich müssen wir aber weit über diese Erkenntnis hinauswachsen und in Betracht ziehen, daß wir uns in der Realität spiegeln. Dann werden nicht nur Träume, sondern auch unsere Alltagserlebnisse Gegenstand von Deutungsversuchen nach dem Motto: Was verraten diese Erfahrungen über mich selbst?

Der Archetyp des Spiegels bietet sich aus vielerlei Gründen an, um als Leitlinie für ein neues Verständnis des Zusammenhangs von Außen und Innen zu dienen. Er umfasst weit mehr als das bloße Abbilden äußerer Konturen, wie es der sichtbare Spiegel ermöglicht. Allerdings: Hätte ich keinen Spiegel, keine normalen Spiegel, könnte ich mein Gesicht nicht sehen, egal ob dieser Spiegel eine Wasseroberfläche ist wie in der griechischen Narzisssage oder ein gewöhnlicher Kosmetikspiegel. Ich könnte mich nicht selber ansehen. Ich könnte nicht das sehen, was sich an Wesen in meiner Form, in meiner physischen Erscheinung widerspiegelt, die Form meiner Nase und meines Mundes, die Farbe der Augen, die Form des Kopfes, die Gestalt des Kinns usw.

Heutzutage denken viele Menschen, daß ihr Spiegelbild, ihre äußere Erscheinung das Wichtigste sei. Jeder Mensch ist aber weit mehr als sich in seiner physischen Form zeigen kann.

Vielleicht zielt darauf auch das Schneewittchen-Motiv 'Spieglein, Spieglein an der Wand...'

Nicht nur pubertierende Mädchen können stundenlang vor einem Spiegel verbringen, nach gelungener Kosmetik verliebt in ihr Konterfei, mehr als in sich selbst.

Der Spiegel ist weit mehr als ein Instrument, um die eigene Eitelkeit zu steigern (oder den Frust mit dem eigenen Äußeren). Der Spiegel ist notwendig, weil eine Differenz besteht zwischen dem unsichtbaren Wesen und dem, was davon an die Oberfläche dringt, was sichtbar wird.

Wichtige Formen der Spiegelung sind sicherlich intensive Beziehungen zwischen Menschen, Liebesbeziehungen. Sie erwecken aber auf den ersten Blick oft nicht den Anschein, als spiegele sich ein Mensch im anderen. Manchmal erscheint es so, als seien die Partner so gegensätzlich wie nur möglich. Dann sieht deren Beziehung aus wie eine Bestätigung des Satzes 'Gegensätze ziehen sich an'.

Wenn beispielsweise ein Mann eine Frau 'braucht', sich nur als 'halbe Person' fühlt ohne seine 'bessere Hälfte', dann scheint es auch eine Anziehung von Gegensätzen zu sein. Nun können Gegensätze die Form der Ergänzung, aber auch des Konflikts annehmen. Das ist aber vielleicht nur die Außenseite der Geschichte. Der Satz 'Gleich und gleich gesellt sich gern' beleuchtet mehr deren Innenseite. Wenn ein Mensch einen anderen braucht, und zwar im Sinne einer Abhängigkeit ('ich kann ohne dich nicht leben', 'ohne dich hat mein Leben keinen Sinn mehr' usw.), dann sieht und liebte er im Grunde das am anderen, was er verborgen in sich selbst hat, aber (noch) nicht bewußt zu einem erlösten Teil seiner selbst gemacht hat. Der Mann, der seine Weiblichkeit, die Frau, die ihre Männlichkeit nicht als würdigen Teil von sich anerkennen, suchen den scheinbar fehlenden Teil in einem idealisierten Partner. Da der Partner jedoch nie nur Spiegel ist, sondern ein selbständiges Wesen, ist die Enttäuschung über eine Reihe weiterer

Verwicklungen, die meist mit Eifersüchteleien einhergehen, schon vorprogrammiert.

Jedenfalls zeigt eine solche immer noch äußerst übliche Art der Beziehung, daß Mann und Frau ihr jeweiliges Gegenstück suchen, aber sich bei dieser Suche eigentlich selbst begegnen.

Alle engeren Beziehungen bieten unzählige Möglichkeiten, mehr über sich selbst zu erfahren. Oft sind sie sogar eine Art Nagelprobe auf den wirklichen eigenen momentanen Zustand. 'Eifersucht, für mich ein Fremdwort', ist leicht gesagt, wenn man sich von intensiven Partnerschaften fernhält. Als frisch Verliebter kann man die Probe aufs Exempel machen, inwieweit man bereit ist, den anderen 'von der Leine zu lassen'. Um jeden Preis an langjährigen Beziehungen festzuhalten, weil man sich damit testen wolle, hat dagegen nichts damit zu tun. Ebensowenig die ewige Treue aus moralischen Gründen. Grundsätzlich ist jeder Mensch mehr als der andere, mehr als das, was sich im Spiegel seiner Beziehungen zeigt. Jeder Mensch braucht deshalb viele Spiegel, um die Vielzahl seiner Anlagen und Möglichkeiten ausloten zu können. Daß das, was wir ausstrahlen, nicht nur Wirkungen auf unsere unmittelbare Umgebung hat, sondern alles anbahnt, was schließlich zu unserer Erfahrung wird, ist keine allgemein akzeptierte Vorstellung. Aber wie schon gezeigt, liefert uns die Quantenphysik eine Erklärungsbrücke. Wir ziehen das an, was wir selbst sind, fühlen und denken, offen oder versteckt. Das ist das Prinzip der Resonanz. Es ist allgemeingültig und, so paradox es erscheinen mag, auch der Grund für Erfahrungen, die wir bewußt gar nicht herbeisehnen.

Manche Menschen machen z.B. immer wieder ähnliche Gewalterfahrungen. Reiner Zufall, daß sie auf einer unbeleuchteten Straße nachts mal wieder 'den Falschen' getroffen haben? Bei genauerer Nachforschung stellt sich vielleicht heraus, daß es gar nicht der Falsche war. Vielleicht haben diese Menschen versteckte Gewalt-und Machtphantasien im Kopf. Oder sie haben extreme Angst vor möglicher Gewalt.

Wenn wir solchen Vorfällen nachgehen, halten wir uns meist zu sehr bei einer kausalen Betrachtung auf, was uns nicht besonders weiterhilft. Sinnvoller wäre es herauszufinden, inwieweit wir in Resonanz mit diesen Ereignissen stehen. Zwei Beispiele:

1) Ein junges Mädchen ist unzufrieden mit ihren Eltern. Ständig haben sie schlechte Laune, die sie an ihr auslassen. Ihr Vater kommandiert sie herum, sagt ihr bei jeder Gelegenheit, was sie zu tun und zu lassen hat. Kein Wunder, daß sie jetzt selber dauernd wütend und mißgelaunt ist (die übliche kausale Betrachtung).

Die Eltern fordern ihr Kind unbewußt zur Beschäftigung mit den Themen 'Autorität', 'Unterordnung', 'Eigenverantwortung' auf, vielleicht neigt das Mädchen selbst dazu, andere herumzukommandieren, spielt Machtspiele, ist zudem sehr gefühlsbetont und impulsiv, bisweilen auch launisch. Indem sie diese Qualitäten über die Eltern bei sich selbst entdeckt, hat sie die Möglichkeiten, sie schneller zu verwandeln, womit sich auch die Beziehungen zu ihren Eltern verändern würden (Resonanzbetrachtung).

2) Er ist ein wirklicher 'Christ', der Menschen in Not beisteht. Aber seine Großmütigkeit wird nur ausgenutzt ('Undank ist der Welten Lohn'), geliehenes Geld - und er verleiht immer wieder Geld, obwohl er selbst nicht genug zum Leben hat - bekommt er selten wieder zurück. Seine Wut über die Menschen und seine 'Freunde', schließlich über sich selbst, wächst ins Unermeßliche. Wie können diese Menschen nur so mit ihm umgehen? Hat er es etwa nicht anders verdient (kausale Betrachtung)?

Die Menschen spiegeln ihm, was er von sich selber hält. Da er sich als wertlos empfindet, läßt er sich (für ein wenig 'Liebe') immer wieder erpressen, 'Freunden' Geld zu leihen, obwohl es ihm eigentlich widerstrebt. Die Bedrohung seiner materiellen Existenz ist Ausdruck seiner tiefen Minderwertigkeitsgefühle. Menschen, die bei ihm Geld borgen, weisen ihn unbewußt, aber massiv, auf seine eigene Gefühlslage hin, durch deren Wahrnehmung allein er das Ruder herumreißen könnte.

Hier geht es nicht darum, das Verhalten der jeweils einen oder anderen Seite zu rechtfertigen oder zu verurteilen. Der Spiegel ist neutral und wertet nicht. Die Wertungen stellen die Beteiligten an, je nach dem Anteil, den sie selbst an dem Ereignis haben. Dabei kann jeder einzelne nur bei sich selbst nachsehen, möglichst ohne sich zu bewerten oder zu verurteilen.

Der Grund aber, weshalb wir uns oft aus der Verantwortung für das stehlen, was uns begegnet und auf das 'kausale Gleis' gelangen, wurde schon mehrfach genannt: wir halten es einfach für unmöglich, daß unsere Gefühls-und Gedankenwelt irgendeine Fernwirkung ausüben könnte. Wenn ich meine Schlüssel in der Wohnung vergesse, wird jeder sagen: 'Selber schuld! Besser aufpassen!' Wenn mir derselbe Schlüssel aber aus der Tasche gestohlen wird, dann wird jeder dem Dieb die Schuld geben. Vom Standpunkt nicht einer Schuld, sondern eines neutraleren der Verursachung stecke ich hinter beiden Ereignissen als Akteur. Anders gesagt: ich habe in beiden Fällen den Verlust meines Schlüssels inszeniert. Deshalb ist ein Schimpfen über Ungerechtigkeiten im Grunde nichts anderes als sehe man nach einer durchzechten Nacht in den Spiegel und mache eben den Spiegel für sein Aussehen verantwortlich.

Was innen ist, wird außen erschaffen, ohne Ausnahme. Mich erinnert die Unausweichlichkeit dieser Regel ein wenig an die Unerbittlichkeit eines Computers, der uns ständig dieselbe Fehlermeldung präsentiert. Da nützt alles nichts: nicht den Computer anzuschreien oder ihm gut zuzureden, nicht ihm eine längere Pause oder eine kleine Luftveränderung zu gönnen. Auch Kopfstände sind nicht besonders hilfreich, wenn sie auch unserer Gesundheit förderlich sein können. Erst sobald wir den inneren Hardware-oder Softwarekonflikt oder -fehler beseitigt haben, läuft der Rechner wieder fehlerfrei.

Wenn wir oft mit negativen Erlebnissen konfrontiert sind wie Geldnot, Krankheit, Unfällen o.ä. hilft es auf Dauer nicht, diese Erfahrungen zu 'überwünschen', indem wir uns einfach vorstellen, gesund zu sein oder im materiellen Überfluß zu leben. Die Dinge können sich erst grundlegend ändern, wenn wir das geistige Programm entfernen, das unsere Nöte auslöste. Eine schwere Krankheit verschwindet erst, wenn wir deren Bedeutung erfassen.

Und wie steht es mit der verpatzten Prüfung, der nächtlichen Reifenpanne auf der Autobahn, einem vergeblichen Liebeswerben oder ähnlichen Erlebnissen, die uns vermasseln, was wir mit viel Energie vorangetrieben haben?

Vor kurzem wollte ich unbedingt einem Freund ein Buch kaufen, das ich selbst kurz zuvor als Geschenk erhalten hatte. Ich konnte mich auf den Kopf stellen, aber das Buch war nicht mehr erhältlich, in keiner Buchhandlung und auch beim Verlag selbst nicht mehr. Schließlich besorgte ich ihm ein Buch mit einer ähnlichen Thematik. Am gleichen Abend stellte sich heraus, daß mein Freund das eigentlich gesuchte Buch schon in seinem Bücherschrank stehen hatte.

Im Rückblick läßt sich oft besser erkennen, warum das 'Schicksal' auf die Bremse getreten ist, und man stellt fest: Es war doch nicht so schlecht, wie es gelaufen ist. Eine verpatzte Prüfung kann durchaus Anlaß zu neuen, unter Umständen passenderen Berufsüberlegungen geben, eine Reifenpanne Kontakt zu Menschen stiften, die später zu wichtigen Freunden werden, und die 'große Liebe'? Vielleicht gab's da noch eine 'größere'?

Nicht ärgern, nur wundern - dieser Allerweltsspruch gewinnt plötzlich eine ungeahnt neue Bedeutung, denn vielleicht verbirgt sich hinter der ärgerlichen Begebenheit ein Art Wunder.

Bei der Verfolgung unserer Ziele besitzen wir manchmal einen etwas mäßigen und eingeschränkten Überblick, sei es daß die

Ziele gar nicht zu uns passen, sei es daß die Wege zu diesen Zielen ungünstig gewählt wurden.

Indem wir unser Leben, unsere Gedanken und Gefühle immer bewußter wahrnehmen, können wir mehr und mehr die Dinge so lenken, wie wir es wollen. Unser Leben wird zu unserem bewußt gestalteten Kunstwerk, und wir sind die Künstler, jeder auf seine einzigartig unverwechselbare Art.

Sich zu spiegeln scheint ein allgemein gültiger kreativer Vorgang zu sein, der nicht nur etwas mit der Verwirklichung von Wünschen zu tun hat. Alles im Universum drückt sich aus, um sich zu erkennen und über sich hinauszugehen. Kreativität ist Erneuerung, Erkenntnis, Kraftquelle und eine (nicht nur) für das menschliche Sein grundlegende Eigenschaft, die zum Leben gehört wie das Atmen.

Nicht ohne Grund ist der Spiegel ein Urmythos, der auch von verschiedenen Mystikern erwähnt wird, so z.B. in der Schöpfungsgeschichte von Meister Eckhart. Auch Gott ist zunächst das Dunkle, das etwas aus sich herausstellt, sich ein Gegenüber schafft, um sich dadurch zu erkennen und zu wachsen. Jeder schöpferische Prozess, das Malen eines Bildes ebenso wie das Schreiben eines Buchs oder das Komponieren von Musik, aber auch irgendein treffender Einfall, ist im Grunde eine Herausstellen einer verborgenen unbekannten Seite im Schöpfer, ein Heranpirschen an etwas, das man in sich ahnt und dennoch nicht völlig fassen kann. Der schöpferische Einfall ist manifestiertes Produkt einer Ebene von Latenz, die zwischen der sinnlich erfahrbaren Welt und der Welt unendlicher Möglichkeiten liegt (Geist, Quantenfeld), hat von beiden etwas.

Jeder hat seine eigene unwiederholbare Art sich auszudrücken, so ist auch das Muster jedes Lebens einzigartig. Ähnlichkeiten in der äußeren Zeichnung menschlicher Existenz gestatten keine eindeutigen Aussagen über die Motive. Wenn zwei dasselbe tun, können ihre Motive sehr unterschiedlich sein.

Ähneln sich diese, so bleiben sie doch Beweggründe verschiedener, einzigartiger Personen. Was für Traumsymbole gilt, nämlich daß sie eine sehr individuelle Bedeutung haben, die sich nicht mittels eines Traumlexikons erfassen läßt, gilt auch für den individuellen Spiegel der Lebenswirklichkeit. Genau wie ein Künstler ist jeder für diesen Spiegel, für seine Deutung und die Schlüsse, die aus dieser Deutung gezogen werden, selbst verantwortlich. Sich in Lebenskrisen anderer Leute Rat anzuhören kann hilfreich sein, sich darauf zu verlassen aber auch dazu führen, die eigene Gefühlswelt nicht mehr wirklich zur Kenntnis zu nehmen und sich vom Ratgeber abhängig zu machen. Viele Therapeuten oder Ratgeber agieren aus der Distanz, scheinbar außerhalb einer Spiegelsituation, während der Ratsuchende von der Annahme ausgeht, daß sein Gegenüber ihn völlig durchschaue und ihm die Aufgaben der Deutung abnehme. Echte Spiegel sind unkontrollierbar, entstehen und vergehen oder schaffen sich eine gewisse Beständigkeit in Werken der Kunst oder des Lebens. Ich kann für einen anderen den Spiegel nicht spielen, dieser nur sein. Alles andere würde voraussetzen, daß ich das Geheimnis des anderen lüften könne, mich in der Anmaßung sonne, ich wüßte schon, wer der andere sei, was er fühle, ja welche Richtung einzuschlagen für ihn die beste sei. Mit besserwisserischen Reden verrate ich allerdings mehr über mich selbst als über den anderen. Wirklich produktive Spiegelsituationen zwischen Personen enthalten immer Lehren für alle Beteiligten, helfen etwas nicht ganz Offensichtliches ins Licht zu ziehen. Auch wenn Menschen sagen, sie wollten frei sein, so schrecken sie oft vor der gesamten Konsequenz ihrer eigenen Verantwortung zurück. Aber nur auf diesem Weg lassen sich die unerwünschten Kreise des Lebens durchbrechen!

Den Kreis der Ohnmacht durchbrechen! Oder: der Mensch hat soviel Macht, daß er sich seine eigene Ohnmacht erschaffen kann!

Ich kenne viele Menschen, die das Gefühl haben, daß sie sich in ihrem Leben irgendwie im Kreise drehen. Bei den Episoden, die sie erfahren, wechseln lediglich die Darsteller, die Themen bleiben dagegen gleich oder sehr ähnlich. Ihr Leben gewinnt Züge einer chronischen Krankheit, die nie ganz verschwindet, sondern nur mal etwas mehr, mal etwas weniger spürbar ist.

Da ist der Mensch mit seinen notorischen Geldsorgen: die Abrechnungen des Arbeitgebers erhält er immer zu spät, verliehenes Geld wird ihm nicht zurückgezahlt, schließlich geht auch noch das Auto kaputt und bei den Heizkosten muß er auch noch erhebliche Summen nachzahlen.

Jemand anderes sehnt sich nach einer erfüllenden Liebesbeziehung, in der er auch genug Freiheit hat, gerät aber immer an Partner, die ihn einengen und ihm die Luft zum Atmen nehmen.

Kennen Sie auch Menschen, die sich in solchen Kreisen bewegen? Oder gehören Sie bisweilen selbst dazu? Kennen Sie die stille Wut über die Macht der gleichen Tatsachen, die sich in ständigen Klagen oder Anklagen Luft verschafft? Was, wenn gar nicht die Welt da draußen, sondern unsere eigene Welt der Schlüssel für unsere Erfahrungen ist?

Solange wir uns auf die frustrierenden Tatsachen berufen und uns über diese beklagen, können wir unmöglich den Kreislauf der Ohnmacht durchbrechen, da die Erfahrungen unsere Gedanken-und Gefühlswelt getreu widerspiegeln. Auch wenn nicht einfach zu beweisen ist (wann ist ein Beweis ein Beweis?), daß unsere Gedanken nicht unsere Privatangelegenheit sind, sondern in unserem Leben Wirkungen hervorrufen, so spricht außerordentlich viel für diese These.

Es sind nicht die 'bösen Menschen' in unserer Umgebung, die uns einen Strich durch die Rechnung machen. Wir sind auch nicht vom Pech verfolgt (wer ist übrigens 'Pech'?). Wir haben das Ganze selbst in der Hand, spielen in Wahrheit ein Spiel mit uns selbst, das wir aber nur selten durchschauen. In Wahrheit sind die selbst produzierten Tragödien Zeichen unserer Macht, der Macht unserer Gedanken und der Macht unserer Ängste. Das Gespinst der Ohnmacht beherrscht uns solange, wie wir unsere Gedanken und Gefühle nicht offen legen.

Wenn wir aus dem Teufelskreis der Ohnmacht heraustreten wollen, müssen wir unsere negativen Einstellungen zur Erfüllung unserer Wünsche fallenlassen. Wenn wir unsere Wünsche formulieren und im nächsten Augenblick insgeheim denken: 'das wäre zu schön, um wahr zu sein', was soll denn da herauskommen?

Genau das, was wir denken, nämlich: unsere Wünsche gehen eben nie in Erfüllung.

Nichts anderes verdienen wir mit diesen weiteren wunschhemmenden Sätzen im Kopf (kommen sie dem einen oder anderen bekannt vor?):

- ich wünsche es mir, aber ich bin es nicht wert, es zu bekommen,
- die eigenen Wünsche anzustreben ist letztlich etwas für Egozentriker oder Größenwahnsinnige,
- ich habe große Angst davor nicht zu bekommen, was ich mir wünsche,
- ohne die Erfüllung meiner Wünsche ist das Leben nicht lebenswert für mich.

Unserer Kultur stützt diese Glaubenssätze, so daß sie fast zu unserer zweiten Natur werden:

- mit Vorstellungen, die das Wünschen für unmöglich halten und ins Reich der Fabel und des kindlichen Aberglaubens verbannen,

- mit Vorstellungen, die persönliches Wünschen als egoistisch verteufeln,
- mit Vorstellungen, die den Fehlschlag, das Mißlingen emotional unterstützen (System von Opfern und Helfern, Patienten und Therapeut, Selbstmitleid und Mitleid basieren darauf),
- mit Vorstellungen, die schließlich ein schweres Schicksal geradezu glorifizieren und es mit einer höheren religiösen oder quasi-religiösen Weihe versehen (nach dem Motto: 'wer's im Leben schwer hatte, hat sich wenigstens das Himmelreich verdient').

Daß wir uns immer und immer wieder in den alten Mustern der Machtlosigkeit verfangen, hat natürlich einen Grund: scheinbar geben uns die Tatsachen recht. Aber das ist ein gewaltiger Trugschluß!

Einen Schluß zu ziehen ist eine Angelegenheit des Denkens und ist immer mit bestimmten Denkvoraussetzungen verknüpft. Seit Tausenden von Jahren folgt ein Großteil der Menschheit einem Denkmodell, mit dem sie sich selbst in Ohnmacht versetzt. Deren Leitsatz könnte etwa lauten: was wir denken und fühlen, hat keinen Einfluß auf das, was uns zustößt oder 'zufällt'. Außenwelt und Innenwelt sind streng voneinander getrennt.

Warum aber sprechen die Tatsachen scheinbar für sich, warum sieht es so aus, als stimme dieser Leitsatz, was legt uns den Trugschluß nahe?

Die Antwort: der Trugschluß liegt so auf der Hand, weil genau das Gegenteil wahr ist: was wir denken und fühlen, spiegelt sich in unserem Leben. Nehmen wir noch einmal unsere 'Beispielsfälle' vom Anfang dieses Kapitels zur Erläuterung zu Hilfe:

Max - so soll die Person mit dem Geldproblemen heißen - hat sich in seinem Leben immer als 'Niete' gefühlt. Um die Anerkennung zu erhalten, die er sich selbst versagt, kümmert er sich viel um andere Menschen. Sie kennen ihn als hilfsbereit und freigiebig. Max möchte Streit auf jeden Fall vermeiden, er ist außerordentlich harmoniebedürftig. Deshalb wird er von vielen nicht besonders ernst genommen oder respektiert, aber immer gerufen, wenn einmal 'Not am Mann' ist. Das steigert dann seine Wut. Er schimpft über andere Menschen, die ihn angeblich nur ausnutzen würden. Am meisten schimpfte er aber über sich selbst. Er denkt und sagt über sich: ich habe es nicht anders verdient. Ich bin eben ein Versager!

Der Kreis schließt sich. Da er immer wieder dieselbe 'Leier' erlebt, zieht er den Schluß, an ihm selbst sei etwas schlecht, kritik-und ablehnungswürdig, was sein negatives Wertgefühl nur noch weiter verstärkt. Neue Negativerlebnisse sind so schon vorprogrammiert. Es entsteht ein Kreis ständiger Rückkopplung zwischen den seine Person abwertenden Glaubenssätzen und seinen diese bestätigenden Erfahrungen. Erst die Wahrnehmung der wirklichen Ursache, nämlich seiner Minderwertigkeitsgefühle, kann dazu beitragen, den Kreis zu durchbrechen.

Im Fall von Christiane, die sich nach einer erfüllenden Beziehung ohne 'klammernden' Partner sehnt, ist die Analyse etwas schwieriger, zumal bei zwei Menschen, die ein ähnliches Ziel haben, die Gründe für ihr Scheitern durchaus unterschiedlich sein können. Was uns im Moment interessiert, ist die Frage, warum sie nicht den Partner trifft, den sie sich wünscht.

Christiane ist eine gefühlsbetonte, warmherzige Frau, die sich nächtelang die Probleme anderer Menschen anhören kann und ihnen mit Rat und Tat zur Seite steht. Seltsamerweise (?) trifft sie auch ständig hilfesuchende Menschen. Obwohl sie gerne für andere da ist, fühlt sie sich manchmal ausgelaugt und wünscht sich einen Partner, der ihre 'Batterien' wieder aufladen hilft. Ihr ungebundenes Single-Leben möchte sie aber keinesfalls aufgeben. Sie fragt sich, warum sich ständig Männer in sie verlieben, die sie in langen 'therapeutischen' Gesprächen als starke 'Powerfrau' mit Verstand und Gefühl erlebt haben.

Nun: diese Menschen kommen auf sie zu, da sie anderen ihr 'therapeutisches Talent' unterschwellig signalisiert und sie selbst von der Anerkennung und Verehrung profitiert, die ihr Ratsuchende entgegenbringen. Daß sich aber bisher nur Menschen als Partner anbieten, die sie in ihrer Freiheit einengen, hat den tieferen Grund, daß sie zwar selbst frei sein will, aber den Partnern diese Freiheit nicht wirklich zugestehen will. Sie sucht Verläßlichkeit und Halt bei einem Partner, der irgendwie doch nur für sie da sein soll, während sie selbst weiter 'auf vielen Hochzeiten' tanzen geht. Die Partner, die sie trifft, sind letztlich Spiegel ihres eigenen Klammer-und Sicherheitsbedürfnisses. Solange sie das nicht erkennt, schwankt sie zwischen unbefriedigenden Beziehungen und letztlich noch unbefriedigenderen 'psychologischen Sitzungen' und wird vielleicht am Ende glauben, ihren 'Traumpartner' gäbe es nicht bzw. sie könne ihn niemals finden. Wird sie selbst dagegen völlig frei, löst sich auch der nur scheinbare Widerspruch zwischen ihren Wünschen und ihren Erfahrungen. In beiden beschriebenen Fällen besteht ein Zusammenhang zwischen Innen und Außen, der auf den ersten Blick unverständlich erscheint. Natürlich wünscht sich Max seine Geldsorgen nicht, und Christiane will nicht immer den 'Falschen' treffen. Dennoch schaffen beide mit ihren Gedanken- und Gefühlsmustern die unerwünschten Ereignisse ihres Lebens. Noch etwas kommt hinzu: die Angst verstärkt das Wiederauftreten der Negativerlebnisse. Max hat Angst vor dem Monatsanfang, da er nicht weiß, wie er die nächste Miete bezahlen soll. Christiane gerät langsam in eine Art Torschlußpanik,schreibt Bekanntschaftsanzeigen, verbindet jedes Treffen mit dem möglichen 'Mann fürs Leben' mit sehr hohen Erwartungen und ebenso großen Befürchtungen, daß diese Erwartung sich nicht erfüllen könnten.

Wie sich Macht in Ohnmacht verwandelt, verdeutlicht das folgende Schaubild:

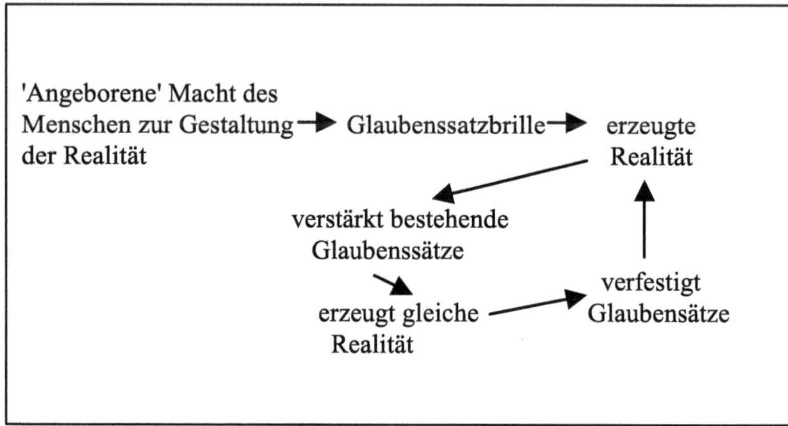

Wer durch seine Glaubenssatzbrille sieht, ohne zu ahnen, daß er eine aufhat und daß er die Macht hat, auf diese Weise seine Wirklichkeit zu manifestieren, wird nicht auf die Idee kommen, seine Erfahrungen als Hilfestellung zu nutzen, um seiner eigenen Innenwelt auf die Spur zu kommen. Obwohl seine Lebensrealität von ihm erzeugt wurde, sieht er eine immer stärkere Differenz zwischen seinen Wünschen und seinen Erlebnissen. Das bringt ihn immer weiter davon ab, sich selbst zu erforschen. Verantwortlich für sein Schicksal wird irgendjemand oder irgendetwas da draußen.

Die Szenerie kehrt sich schlagartig um, sobald ihm seine wirkliche Macht bewußt wird:

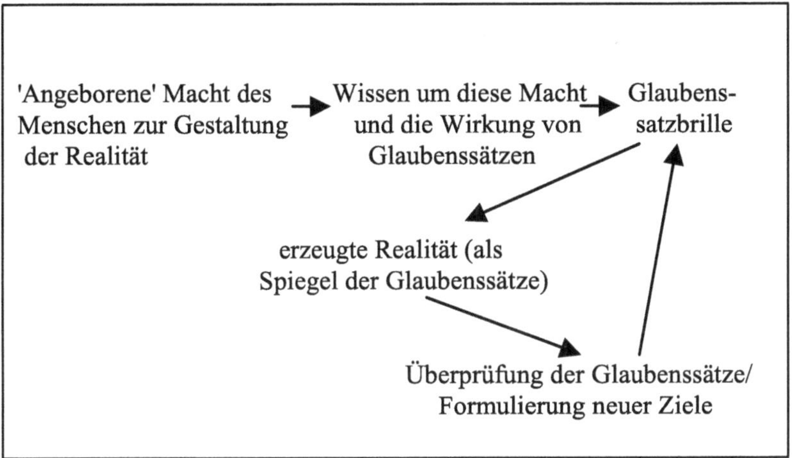

Die Realität wird jetzt zu einem willkommenen Spiegel, mit dessen Hilfe man sich besser erkennen kann, seine verborgenen Seiten besser wahrnehmen kann. Leitlinie ist hier die Erkenntnis, daß ich für meine Wirklichkeit selbst verantwortlich bin.

Wünschen ist ein physikalischer Vorgang.Wenn das Ergebnis anders ausfällt als ich es wollte, so sollte ich mich mit dem beschäftigen, was ich aussende. Andere dafür verantwortlich zu machen, was mir widerfährt, heißt, den Schlüssel der Macht aus der Hand zu geben. Tertium non datur! Entweder so oder so!

Klingt zu einfach? Ein nettes Modell?

Immerhin ein Modell, das die Kraft des Wünschens wiederherstellt, indem es die scheinbaren Widersprüche aufklärt, mit denen wir als Magiere des Wünschens uns oft herumschlagen.

Das Wichtigste beim Wünschen sind nicht die Techniken, z.B. ob ich mein Ziel ein-, zwei-oder dreimal täglich laut ausspreche, ob ich mir Bilder dazu ausmale usw. Das können nützliche Hilfsmittel sein. Hauptsache ist, sich ungeschminkt anzusehen, ohne das Bedürfnis, sein Image vor sich und anderen zu polieren.Schamlos mit sich umzugehen setzt sicherlich ein gewisses Selbstvertrauen schon voraus. Aber man kann es ruhig erst einmal für sich selbst, in aller Stille, ausprobieren. Egal was man entdeckt, man kann dabei nur gewinnen, nämlich seine angestammte Macht.

Ausblick

Versetzen Sie sich einen kleinen Moment in folgende Situation: sie spielen ein x-beliebiges Spiel, meinetwegen ein Würfelspiel, Kartenspiel, Ratespiel, Rollenspiel oder ähnliches. Plötzlich vergessen sie vollständig, wer sie sonst noch sind, welchen Beruf sie ausüben, welche Hobbys sie haben usw. Sie identifizieren sich so mit ihrer Spielrolle, daß all ihre anderen Realitäten und Qualitäten ausgeblendet sind. Auf den Gegner ihres Spiels, gegen den sie gerade verloren haben, sind sie so wütend, daß sie ihn am liebsten erwürgen würden. Selbst wenn Sie nicht zu solchen Gefühlsausbrüchen neigen, können sie sich sicherlich in eine solche Spielsituation hineinversetzen. Worauf es eigentlich ankommt, ist auch gar nicht, ob sie gewinnen oder verlieren, sondern ob Sie vergessen haben, daß sie nur spielen. Vielleicht liegt in dieser Überidentifikation mit dem Spiel namens 'Leben' auch der Grund dafür, daß wir es so wahnsinnig ernstnehmen, uns daraus nicht mehr ausklinken können, um andere faszinierende Qualitäten von uns selbst zu erkunden. Es ist gut möglich, daß die Menschen jetzt zu lernen beginnen, das Spiel als selbst geplantes auch zu durchschauen, sich mit den paradoxen Seiten des Spiels anzufreunden. Wenn wir anfangen, die Realität als Spiel zu sehen, in dem wir Erfahrungen sammeln und mehr über uns kennenlernen, verlieren die Realitäts-Regeln ihre scheinbar unerschütterliche Dominanz, ihre absolute Gültigkeit. Sie verlieren auch ihren Schrecken.

Auf der anderen Seite ist es sinnvoll, das Spiel zu spielen, und das geht nun mal nicht ohne Regeln. Sich zu einem Spiel zu verabreden, und währenddessen dauernd zu rufen: 'Das ist doch nur ein Spiel!' macht das Spiel in einem gewissen Sinne unmöglich, weil die Spielsituation erfordert, in dieses einzutauchen, sich bis zu einem gewissen Grad darin zu vergessen.

Kurz gesagt: Nur wenn ich das Spiel ernstnehme, kann ich das Spiel spielen. Nur wenn ich es nicht ernstnehme, kann ich es als Spiel durchschauen. Nach dem Eintauchen in die Realität lernen wir vermutlich jetzt, aus ihr wieder aufzutauchen und mit dem Spiel und seinem Material etwas souveräner umzugehen. Dann brauchen wir die Spiele der Angst nicht mehr länger, Spiele, die von Gewalt, Rache, Verzweiflung und Freudlosigkeit geprägt sind.

Stattdessen können wir die Wirklichkeit in unser Leben ziehen, nach der wir uns sehnen. Ein wenig aufzuklären, wie das gelingen kann und warum es oftmals mißlingt, war Ziel meiner Ausführungen. Eigentlich könnte ich die Darstellung an dieser Stelle beenden, doch ich will das Wichtigste noch einmal hervorheben und gegen Ende einige technische Fragen streifen. Erfolgreiches Wünschen ist natürlich in erster Linie keine Frage der Technik. Weder ist es nötig, Zaubersprüche vor sich hinzumurmeln, noch hat man komplizierte Verrenkungen einzuüben. Auch Pillen können uns die Macht über das Leben nicht zurückgeben. Wichtig sind hauptsächlich zwei seelische Qualitäten:

1) Klarheit und Ehrlichkeit
2) Vertrauen und Geduld

Unser Modellentwurf konnte untermauert werden durch fundamentale Erkenntnisse der Neuen Physik, auch in bezug auf Zusammenhänge zwischen geistiger und materieller Welt, die in Wirklichkeit nicht mehr streng gegeneinander abzugrenzen sind. Um diese Erkenntnisse zu verstehen, müssen wir keine Physiker seien. Auch wenn unterschiedliche Deutungen von Quantenexperimenten existieren, so zeichnet sich ab, daß keine so aussieht oder je wieder so aussehen wird, wie sich der 'gesunde Menschenverstand' die Welt vorstellt. Aus der Teilchenphysik wird zunehmend eine Ganzheitsphysik. Den einen beruhigt es, dem anderen jagt es vielleicht Angst ein: Teile der Wissenschaft geben wieder Raum für unsere Magie, fordern uns dazu auf, unsere Selbstverantwortung wahrzunehmen. Allerdings: Wer dafür endgültige unumstößliche Beweise verlangt, wird ins Leere greifen. Den persönlichen Beweis kann nur die persönliche Lebenspraxis liefern. Skeptiker können zunächst ihre Wunschkräfte spielerisch ausprobieren und registrieren, was sich in ihrem Leben verändert. Bei diesem Spiel gibt es keine Verlierer, nur Gewinner. Zu warnen ist vor einem zu frühen Abbruch der Experimente. Wenn die Wunschquanten offensichtlich nicht in der gewünschten Richtung unterwegs waren, ist es sinnvoll, zuerst bei sich selbst nachzuforschen.

Punkt 1, Klarheit und Ehrlichkeit:
Wenn ich nicht genau weiß, was ich will, muß ich mich nicht wundern, daß ich nicht die gewünschten Ergebnisse erziele. Es kann zum Beispiel sein, daß ich mir über meine Ziele noch nicht genügend Gedanken gemacht habe. Möglich ist aber auch, daß ich Wünsche für zu weitgehend halte oder ich sogar Angst vor den Konsequenzen habe, die damit verbunden wären. Die meisten Menschen wollen z.B. frei sein. Aber ist das die Freiheit, zwischen 100 Kanälen im Fernsehen zu wählen? Oder die Freiheit, seinen eigenen Impulsen zu folgen? Mancher, der sich mal wieder über seinen Partner beschwert, weil er sich von ihm eingeengt fühlt, würde vielleicht entdecken, daß sich seine Beziehung überlebt hat. Dennoch trennt er sich nicht - in aller Freundschaft - von seinem Partner, aus Angst, alleine zu sein oder weil er sich seinem Partner verpflichtet fühlt. Er lebt nach

dem Motto: lieber eine quälende Beziehung als die 'Leere' eines Single-Daseins. Wer einen anderen Menschen zum Leben braucht und nicht nur gerne mit ihm zusammen ist, wird auch von anderen gebraucht. Brauchen und Gebrauchtwerden gibt es nur im Doppelpack. Freiheit liegt jenseits davon.

Die Hoffnung auf den großen Gewinn treibt Menschen Woche für Woche zum Ausfüllen von Lottoscheinen. Viele Motive - mehr oder weniger bewußt - können gleichzeitig in eine andere Richtung weisen, z.B. mehr auf die eigenen Talente zu setzen, um zu Wohlstand zu gelangen, auch wenn die meisten lediglich eine unklare Vorstellung von ihren Begabungen haben und auf die Frage nach ihren speziellen Fähigkeiten nur herumdrucksen. Sie trauen sich nicht genügend zu. Und beneiden die, die 'es geschafft haben'. Ihr Mangel an Selbstvertrauen spiegelt sich in ihren materiellen Verhältnissen, ebenso die Angst, nie genug Geld zu haben. Sie legen sogar ihr Portemonnaie an die Kette. Und haben trotzdem immer zu wenig Geld, mit und ohne Lotto.

Die wenigen Beispiele zeigen, daß es für den Mangel an Klarheit, Unehrlichkeit und Selbstbetrug tiefere Gründe gibt. Hauptverantwortlich ist das Fehlen von Selbstakzeptanz zugunsten der Außendarstellung eines allgemein anerkannten Selbstbildes. Jeder zeigt gerne seine 'Schokoladenseite'. Niemand möchte als schwach und verletzlich dastehen. Ängste gibt man nicht gerne zu, Neid und Eifersucht auch nicht. Keiner gilt gerne als egoistisch oder rücksichtslos, als rachsüchtig oder machthungrig. Lieber poliert man an seinem positiven Image. Dabei käme man ohne die verdrängenden Schamgefühle viel weiter. Sich negative Gefühle einzugestehen kann eine wirkliche Befreiung einleiten, vielleicht wird aus dem Mist, den man ausgräbt, am Ende Gold. Außerdem: warum soll gerade ich mich schämen? Weil alle anderen so 'makellos' sind?

Wenn vorher vom Kreis der Ohnmacht die Rede war: Scham- und Schuldgefühle bestärken nur den alten Trott, das Drehen im Kreise. Sonst würden nicht Menschen, die sich bei jeder Gelegenheit entschuldigen, immer wieder dasselbe tun!

Im Grunde ist es gar nicht so schwer, klar und ehrlich zu sein. Ganz nützlich ist es, eine Art Tagebuch zu führen, in das man seine Wünsche hineinschreibt und Gefühle skizziert, die durch bewegende Lebensmomente ausgelöst werden. Dadurch alleine kann sich vieles verändern. Es bringt nichts, ständig an sich zu arbeiten, gegen Negatives anzukämpfen schon gar nicht. Damit verlängert man nur seine Zweiteilung in einen 'positiven' verurteilenden und einen 'negativen' verurteilten Teil, verharrt im Kreis der Selbstentwertung. Wirkliche Veränderungen sind nur möglich, wenn man sich vollständig akzeptiert - ein paradoxes Geheimnis seelischer Alchemie.

Auf einer solchen Grundlage sollte man sich genau überlegen, was man als nächstes in seinem Leben ansteuert, und zwar ohne Wenn und Aber. Natürlich kommt immer wieder der Verstand in die Quere mit Aussage wie dieser: Bleib doch auf dem Teppich! Wo soll das denn herkommen? Das ist doch sowieso unerreichbar usw. - die übliche Falle des 'Realismus', der die seltsamen und wunderbaren 'Zufälle' unseres Lebens torpediert. Dazu gesellt sich wachsendes Mißtrauen und Ungeduld, je länger die Wünsche unerfüllt bleiben.

Damit sind wir schon mitten drin bei der Erörterung von Punkt 2, Vertrauen und Geduld. Es kann durchaus eine Zeitlang dauern, bis das Gewünschte sich in unserem Leben zeigt. Wenn wir aber ständig kritisch unserem Wunsch hinterherspionieren, strahlen wir nur unsere Zweifel und Erwartungsängste aus. Dann passiert sehr viel in unserem Leben, aber sicherlich nicht das, was wir anstreben.

Kommt Ihnen das folgende bekannt vor? Der Single, der sich von der Welt verlassen fühlt und die stille Hoffnung hegt, jemand möge ihn anrufen oder wenigstens Spuren auf seinem Anrufbeantworter hinterlassen. Angstvolles Warten. Nichts geschieht. Schließlich ringt er sich durch und fährt weg. Alleine. Als er wiederkommt, sind plötzlich viele Nachrichten von seinem Anrufbeantworter aufgezeichnet, mit Inhalten wie diesen: 'Wo bist du denn dauernd? Ich kann dich ja nie

erreichen! Habe so eine Sehnsucht nach dir! Wir müssen uns unbedingt mal wieder treffen!'
Nach der Quantentheorie sind Beobachtungen keine neutralen Abbildungen einer unabhängigen objektiven Wirklichkeit. Sie greifen vielmehr in diese Wirklichkeit ein, schaffen Realität. In England kennt man den sogenannten 'Teekessel-Effekt', ein Ausdruck für Wasser, das nicht kocht, solange man es ununterbrochen beobachtet. Ein ähnlicher Effekt war in Quantenexperimenten tatsächlich feststellbar! Daß er auch unsere Wunsch- Quanten beeinflußt, muß als sehr wahrscheinlich angenommen werden. Barbara Marciniak beschreibt diese Zusammenhänge auf eine sehr humorvolle treffend-gleichnishafte Weise:
"Wenn ihr in ein Restaurant geht und etwas bestellt, bereitet es der Koch zu, und der Kellner bringt es euch. Ihr bestellt es, aber ihr kocht es nicht selbst. Irgendwie bereiten es die Köche oder die spirituelle Energie zu, aber ihr wählt aus, was euch vorgesetzt wird. Es wird euch nicht serviert werden, wenn ihr nicht vorher in ein Restaurant geht und es bestellt. Also seid ihr dafür verantwortlich, und ihr zahlt dafür... Wie ihr in Restaurants handelt, ist ein wunderbarer Indikator dafür, wie ihr im Leben handelt. Es ist eine unglaubliche Lehre, die es zu verstehen gilt. Wenn ihr in ein Restaurant geht, bestellt ihr einfach und sagt: 'Das will ich!' und vertraut, daß es euch gebracht wird. Oder macht ihr euch Gedanken, ob sie es vermasseln? Folgt ihr nach der Bestellung dem Kellner in die Küche und sagt: 'Oh, sie haben vielleicht nicht den richtigen grünen Salat. Sie werden die Zwiebeln vielleicht anders dünsten, und sie werden nicht die Pilze haben, die ich mag?' Nein. Ihr vertraut, daß es euch genauso serviert werden wird, wie ihr es wollt, und ihr laßt es geschehen... Bestellt so auch euer Leben. Macht Euch klar, was ihr wollt, bestellt es und belaßt es dabei. Ruft nicht dauernd in der geistigen Welt an, um zu sehen, ob eure Bestellung angekommen ist, gebt keine

Ratschläge, wie Sie erledigt werden soll. Ihr habt bestellt. Vertraut darauf, daß es kommen wird."[28]
Wie kann dieses Vertrauen wachsen, wenn es schwach ist? Denn es hilft nichts, sich dieses Vertrauen einzureden oder ständig den Satz 'Ich denke positiv!' wie eine Fahne vor sich herflattern zu lassen. Dahinter verbirgt sich in den meisten Fällen die Angst vor dem Mangel und nicht ein Bewußtsein von Überfluß. Die Ausstrahlung ängstlicher Gedanken zieht aber genau das in die Realität, was auf keinen Fall passieren sollte.So läßt sich verstehen, daß die übertriebene Sorge um die Gesundheit Krankheit fördert, die übertriebene Sorge um Geld den Geldmangel usw.
Eine souveräne Lockerheit im Umgang mit den eigenen Wünschen kann weder erzwungen noch in Seminaren gelernt werden. Aber wenn man den groben Kurs gedanklich beibehält, lassen sich das Vertrauen in die eigene Kraft und das Selbstvertrauen Schritt für Schritt durch lebendige Erfahrungen steigern.
Ein Vorschlag: Peilen sie anfangs Wünsche an, von denen nicht die 'Welt abhängt'.
Bleiben Sie gelassen ähnlich einer Spinne im Netz, die auf ihre Beute wartet! Die ständige Beschäftigung mit den wichtigeren Wünschen programmiert auf jeden Fall Mißerfolg. Man signalisiert dann: Ich kann ohne dies und jenes nicht leben, dieses oder jenes ist lebenswichtig für mich! Dahinter steckt wieder bloße Angst, die sich in gedanklichen Schleifen immer weiter steigert. Was da helfen kann, ist nicht nur, die Wünsche zu visualisieren, sondern auch in ihrer Richtung zu handeln, und zwar in kleinen Schritten, mit der Aussicht auf eine Art Rückversicherung.
Wenn Sie mit ihrem gerade ausgeübten Beruf unzufrieden sind, eine erfüllendere Betätigung suchen und wissen, was sie anstreben, müssen Sie ja nicht gleich den alten Beruf aufgeben und die Kündigung einreichen. Sie können auch langsam in eine neue Aufgabe hineinwachsen, sich erst näher damit

beschäftigen, z.B. Kurse und ähnliches besuchen, während sie weiterhin im alten Beruf bleiben. Dann werden sie besser feststellen können, ob die neue Tätigkeit wirklich für Sie geeignet ist. Ohne den allerersten Schritt geht es aber hier auch nicht: ohne den Mut, eine vielleicht langjährige, allzu bequem gewordenen Routine zu durchbrechen.

Es vereinfacht die Erreichung Ihrer Wünsche, wenn Sie es lernen, das Leben mehr von einer spielerischen und nicht einer grüblerischen Seite zu betrachten. Geht im Alltag irgendwas daneben, tun Sie erste Schritte, gewohnte Reaktionsweisen aufzulösen. Lassen Sie sich nicht bei jeder Gelegenheit Hörner aufsetzen oder in Panik treiben! Wenn Sie im nachhinein solche Ereignisse betrachten, können Sie vielleicht über Ihre Reaktionen lachen, auch wenn Sie es vorher nicht konnten. Oder Sie stellen fest, daß die Sandkörner im Getriebe Ihres Lebens Ihnen sogar andere Möglichkeiten eröffneten, Ihrem Leben eine neue Richtung gaben.

Freunden Sie sich mit dem Gedanken an, daß Sie selbst alle Facetten ihrer Wirklichkeit gestalten, auch die weniger erfreulichen. Eine solche Akzeptanz kann Veränderungen auslösen, nicht dagegen der wütende Kampf gegen alles Ungeliebte. Wenn Sie öfter 'rot' sehen, treten Sie einmal neben sich und fragen sich: was stört mich an dieser Situation? Was für Gefühle habe ich dabei? Warum habe ich auch diese Situation letztlich 'gewollt'?

Sie werden erstaunt sein, was Sie dabei über sich herausfinden können. Das soll keineswegs heißen, daß Sie sich bei jeder Gelegenheit zügeln und unter Kontrolle halten sollten. Seiner Wut einfach mal freien Lauf zu lassen, kann eine befreiende und klärende Wirkung haben. Bemerken Sie jedoch, daß Sie öfter in ähnliche Situationen geraten, verbunden mit ähnlichen Gefühlen, dann empfiehlt es sich, den Dingen auf den Grund zu gehen. Sonst können Sie nicht loswerden, was Sie ständig nervt. Nehmen wir an, Sie geraten immer wieder in Streit mit einem anderen Menschen (ein Bekannter, Verwandter, ihr

Chef, ein Kollege...). Gelingt es es Ihnen, Ihre innere Einstellung zu diesem Menschen zu verändern und sich so aus dem lästig gewordenen 'Streitspiel' zu verabschieden, so werden Sie feststellen, daß auch der andere Mensch Sie plötzlich mit anderen Augen sieht, ohne daß sie eine verbale Erklärung abgegeben haben. Es muß nicht (aber kann durchaus) Freundschaft entstehen, zumindest aber eine gewisse Neutralität und Respekt im Umgang miteinander.

Damit Sie nicht in eine negative Wartesituation kommen, wenn Sie einen Wunsch formuliert haben, suchen Sie sich Tätigkeiten, auf die Sie Lust haben und wo Sie ihre Talente entfalten können. Jeder Mensch hat Talente! Schaffen Sie so ein Klima von Erfolg und Vermögen, das Sie auch auf anderen Gebieten unterstützt. Stellen Sie Ihr Licht nicht unter den Scheffel, indem Sie sich einreden, die anderen könnten es sowieso besser. Am besten hören Sie damit auf, dauernd zu vergleichen. Selbstzweifel und Selbstmitleid sind, wie Sie längst wissen, die größten Stolpersteine auf dem Weg zu erfolgreichem Wünschen.

Schließlich: Streben Sie einen Zustand an, bei dem ihnen nichts mehr peinlich ist, weder Ihre Gefühle noch Ihre Taten von gestern, heute oder morgen. Befreien Sie sich von dem Dogma, daß Wachstum an Leid gebunden sei und übernehmen Sie die Regie in Ihrem Leben, einem Leben voller Spannung und Freude. Das ist der beste Beitrag, damit auch dieser Planet in nicht allzu ferner Zeit endlich zu einem Ort ungeteilter Freude werden kann. Es ist höchste Zeit dafür!

Anhang

Gödel und die Fragwürdigkeit moralischer Systeme

Antike Beispiele

Unter den antiken Spielereien mit Aussagen, die zu paradoxen Widersprüchen führen, ist wohl das bekannteste Beispiel jenes vom Kreter, der behauptet, daß alle Kreter lügen. Sagt der berühmte Kreter die Wahrheit, dann ist er gleichzeitig der Lüge überführt, da nach seiner eigenen Behauptung er als Anhänger der kretischen Bevölkerung lügen muß. Lügt er aber, so spricht er ganz im Sinne seiner Behauptung 'Alle Kreter lügen'! Dann aber kann dieser Satz nicht stimmen, da er ja gelogen hat.

Ist das Ganze nun eine unterhaltsame Spielerei ohne jeglichen Erkenntniswert? Bei näherer Betrachtung zeigt sich:
Die Allaussage an sich führt nicht zum Widerspruch, z.B. bei der Variante 'Alle Kreter sagen die Wahrheit!' 'Einige Kreter lügen!' wäre aber auch unproblematisch genauso wie etwa: 'Alle Kreter sind nachtragend!' Wäre auch der Widerspruch vermeidbar, wenn kein Kreter die Behauptung aufgestellt hätte, so bleibt die Angelegenheit weit mehr als ein konstruierter Widerspruch bzw. ein sprachlogisches Problem. Das zeigt ein weiteres ähnlich gelagertes Beispiel aus der Antike, das jahrhundertelang zu vielen endlosen Diskussionen Anlaß gab.
Im alten Griechenland ließ sich ein reicher Athener namens Euathius von dem berühmten Protagoras in der Rechtskunde unterrichten. Lehrer und Schüler vereinbarten, daß die erste Hälfte der Unterrichtskosten sofort zu bezahlen sei, die zweite Hälfte aber erst dann, wenn der Schüler vor Gericht seinen ersten Rechtsstreit gewonnen habe. Als der Unterricht beendet war, zögerte Euathius, das Gelernte praktisch anzuwenden. Protagoras kam daher nicht in den Besitz der zweiten Hälfte

der vereinbarten Unterrichtskosten und klagte vor Gericht auf die Zahlung des Restes mit folgenden Worten:
"Törichter Jüngling, du mußt meine Forderung auf jeden Fall bezahlen, mag das Gericht für oder gegen mich erkennen. Denn wirst du verurteilt, so mußt du bezahlen aufgrund des richterlichen Entscheides. Wird aber zu deinen Gunsten erkannt, so mußt du bezahlen laut Vertrag, weil du deinen ersten Rechtsstreit gewonnen hast!"
Dagegen wendete Euathius ein:
"Weiser Lehrer, auf keinen Fall brauche ich deine Forderung zu bezahlen. Denn sprechen die Richter für mich, so habe ich nichts zu bezahlen, laut richterlichem Entscheid. Erkennen Sie aber gegen mich, so brauche ich nicht zu zahlen laut Vertrag, denn ich habe ja meinen ersten Rechtsstreit verloren.
In beiden auf den ersten Blick sehr unterschiedlichen Beispielen entstehen die Probleme aus der Selbstbezüglichkeit von Aussagen. Eine Aussage oder ein in sich widerspruchsfreies Aussagensystem steht in Konflikt mit einem anderen ebenfalls kohärenten System von Aussagen. Der Aussage selbst - im zweiten Beispiel die Gerichtsurteile selbst - steht die Aussage über die Aussage - hier die Bewertung der Gerichtsurteile-gegenüber, System und Metasystem. Bewege ich mich streng in nur einem System, gibt es keine Probleme. Genau das tun die Widersacher aber nicht, denn sie wechseln für den eigenen Vorteil ständig die Ebenen und machen sich die Tatsache zunutze, daß keine Hierarchie der Ebenen bestimmt

wurde. Im Schaubild:

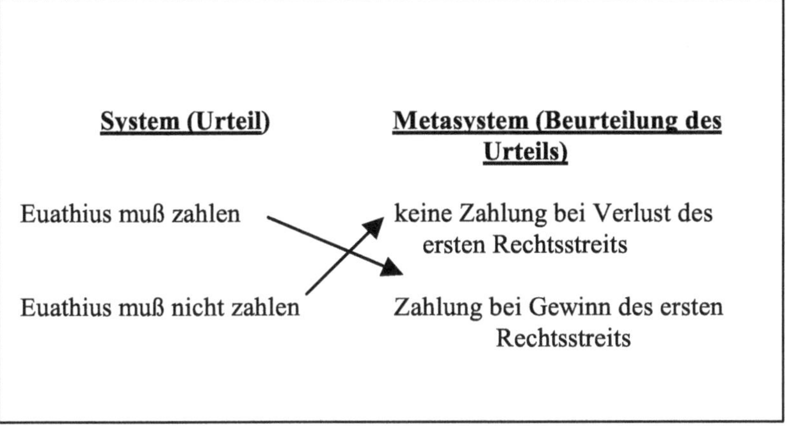

Hier wie im Kreterbeispiel ergeben sich die Paradoxien aus der Selbstbezüglichkeit der Aussagen. Euathius tritt in zwei verschiedenen Rollen vor Gericht auf: als Angeklagter und als Prozessführer, als Subjekt und Objekt des Rechtsstreits.
Auch der Kreter ist gleichzeitig Subjekt und Gegenstand der Aussage. Jedoch sind die direkten Paradoxien im Fall des Gerichtsprozesses nicht so zwingend und durch den Ebenenwechsel zu vermeiden. Dennoch treten sie in neuem Gewand wieder auf:
Es ist nicht entscheidbar, wer recht hat. Widersprüchliche Aussagen können beide richtig sein. Erst ein weiteres System, das die Festlegung enthielte, ob System oder Metasystem der Vorrang zu geben sei, würde zu einer Lösung des Konflikts führen.

Gödels Unvollständigkeitssatz

In naturwissenschaftlichen Systemen (Theorien) oder moralischen Systemen gibt es diese Unentscheidbarkeit in puncto ‚Systemtreue' nicht. Die Konstrukteure oder Anhänger solcher Systeme nehmen eine klare Stellung zu 'ihrem' System im Sinne einer Präferenz ein. Mit dem dann nicht mehr pragmatischen Verhältnis zu Systemen werden die damit verbundenen Probleme keineswegs geringer.

Was das zu Paradoxien führende Metasystem in den antiken Beispielen, ist jetzt all das, was außerhalb dieser Systeme liegt. In der Geschlossenheit von Systemen ist deren Widerspruch per se schon angelegt. Deshalb gilt für bevorzugte Systeme dasselbe wie für gleichrangige: Es gibt keine Möglichkeit, deren Wahrheitsgehalt zu beweisen.

Der Mathematiker Gödel konnte 1931 zeigen, daß alle Systeme metaphysischen Charakter tragen, denn sie enthalten immer und prinzipiell unbeweisbare Aussagen. W. Schommers gibt dazu folgende Erläuterung: "Nehmen wir an, daß wir ein konsistentes mathematisches System vorliegen haben (ein System wäre inkonsistent, wenn es neben wahren noch falsche Aussagen enthält), so wird es wahre Aussagen geben, die das System nicht enthält und wird damit unvollständig sein. Dem System fehlt etwas, und zwar deswegen, weil es Aussagen gibt, die sich mit systemspezifischen Axiomen und Regeln weder als wahr noch als falsch beweisen lassen. Das System ist nicht etwa deshalb unvollständig, weil wir gewisse Informationen noch nicht kennen, sondern es ist eine Vollständigkeit prinzipiell nicht erreichbar, und zwar deswegen, weil wir hier mit den Problemen konfrontiert sind, die dann auftreten, wenn man mit einem (mathematischen) System Aussagen über das System selbst machen möchte.

Enthält aber ein (mathematisches) System unbeweisbare Aussagen, so hat das System metaphysischen Charakter, und dieser metaphysische Charakter – so lehrt es der Satz von Gödel – ist unüberwindbar".[29]

Letztlich macht auch in naturwissenschaftlichen Theoriesystemen das Subjekt Aussagen über sich selbst, aber es versteckt sich meist hinter der angeblichen Objektivität des Systems und den experimentellen Befunden. Allzu leicht gerät aus dem Blick, daß jedes System von deren Schöpfern und Anhängern lebt. Es gewinnt seine Bedeutung aus einem subjektiven und intersubjektiven Zusammenhang. Letztlich wird seine Anwendbarkeit bzw. die Opportunität seiner Anwendung zum wichtigen Kriterium für seinen 'Wahrheitsgehalt', wenn auch nicht immer in einem völlig direkten und unmittelbaren pragmatischen Sinn. Damit aber trifft alle Systeme das Verdikt über selbstbezügliche Aussagen, womit die Widersprüche in ihnen schon angelegt sind.

Gödels Satz und moralische Systeme oder: die Paradoxie der Moral

Moralischen Systemen ist die Paradoxie geradezu 'in die Wiege gelegt', mehr noch: deren Existenz beruht auf dem Widerspruch. Sie wären unnötig, wenn ihr Widerpart, 'das Böse', 'Amoralische' nicht gleichzeitig da wäre.

„Wenn der Große Weg ist aufgegeben, gibt es 'Menschlichkeit und Rechtlichkeit'. Wenn Klugheit sich und Findigkeit erheben, ist auch das 'Künstlich-Gute' nicht mehr weit."[30] Moral, egal welcher Couleur, streitet immer aus der Defensive heraus, wenn sie das, was getan werden soll, gegen das, was tatsächlich getan wird, proklamiert.

Vom Mordaufklärer, der im Grunde immer zu spät kommt, unterscheidet sie, daß sie mittels ihrer Maximen auch Taten verhindern kann. Sehr viele aus heutiger Sicht amoralische Taten haben moralische Systeme aber auch möglich gemacht, man denke z.B. an die Moral der Kriegsverherrlichung, die mittelalterliche Inquisition, den Kukluxclan ...

Dagegen würde eine Moral, die, wie im Tao Te King angedeutet, aus dem Bewußtsein von Ganzheit gespeist würde, sich als Kanon moralischer Maximen überflüssig machen.

Bis dahin geht sie mit dem jeweiligen Rechtssystem und der vorherrschenden Religion eine Ehe ein. Moral, weltliche und religiöse Macht stützen sich gegenseitig, allerdings nicht unbedingt in dieser Dreierkombination. In Sekten können sich religiöse Auffassungen der Mitglieder in Verbindung mit speziellen Moralvorstellungen auch gegen die weltliche Macht richten.

Gewöhnlich ist es aber so: Wer nicht zahlt, besitzt eine schlechte Zahlungsmoral. Wer immer noch nicht zahlt, bekommt eine Mahnung und wird gegebenenfalls verklagt.

Die Kirche hat zwar hierzulande mittlerweile an Einfluß verloren, gilt aber gemeinhin immer noch als Pate von Moral und 'Anstand'. In Fernsehdiskussionen zum Thema 'Werteverfall' darf der Kirchenvertreter keinesfalls fehlen. Im Angesicht moralischer Fragen ist der Beichtstuhl immer noch allseits präsent. Zugegeben: Unvergleichlich rigider ist die moralische Bevormundung im Machtbereich fundamentalistischer Religionen. Allerdings steht die Bewertung religiös begründeter moralischer Systeme und ihrer Aussagen hier nicht zur Debatte. Thema ist vielmehr die Fragwürdigkeit moralischer Systeme überhaupt. Auch Philosophen aller Zeiten haben sich mit diesem Thema beschäftigt. Oft bemühten sie sich um die Formulierung einer zeitunabhängigen dauerhaften Moral und haben dabei doch nur wissentlich oder unwissentlich die Moralvorstellungen ihrer Zeit oder die heraufziehenden kulturellen Veränderungen in ein sich scheinbar selbst genügendes philosophisches System gegossen. Machiavellis 'Recht des Stärkeren ist nur ein Beispiel dafür.

Die abstrakteste philosophische Formulierung zum Thema stammt bekanntlich von Immanuel Kant: "Handle so, als ob die Maxime deiner Handlung durch deinen Willen zum allgemeinen Naturgesetz werden sollte."[31]

Kant unternimmt hier den folgerichtigen Versuch, zwischen den Gewissensentscheidungen des Einzelnen und den sozialen Aus- und Rückwirkungen dieser Entscheidungen zu vermitteln, ohne konkrete moralische Gesetz aufzustellen.

Wenn ich Ehrlichkeit erwarte, soll ich auch zu anderen ehrlich sein. Wenn ich ohne Gewalt und friedvoll leben will, soll ich mich auch anderen gegenüber friedlich verhalten usw.. Das ist einzusehen und auch sehr schlüssig. Doch wie steht's dann um den Tyrannenmord? Oder die lebensrettende Notlüge?

Offensichtlich versagt bei solchen 'Ausnahmen' selbst dieses kluge System, wie letztlich alle Systeme scheitern müssen. Das Leben läßt sich weder in mathematische Formeln noch in moralische Regeln einsperren. Und auch für die freiheitlichste lebensbejahendste Moral läßt sich die folgende Aussage treffen, die ihre gebrochene Existenz pointiert beschreibt: Ist sie nötig, wirkt sie nicht so richtig. Wirkt sie aber richtig, ist sie nicht mehr nötig.

Jenseits moralischer Dogmen

Hat das religiöse Tötungsverbot Gewalt und Krieg verhindert? Wohl kaum! Auf der anderen Seite wurden aber viele Kriege sogar religiös begründet, wie z.B. die Kreuzzüge. Viele andere Kriege auf der ganzen Welt erhielten die höhere Weihe von den jeweiligen 'Gottesvertretern'.

Die Kehrseite der Machtlosigkeit des Moralisten ist sein gelegentliches Bündnis mit der Macht. Die Mehrheit der Menschen kann und würde so weit nicht gehen. Deren Metier ist eher verzweifeltes Klagen über die schlechte Welt, in der man sich und andere als Opfer sieht. Die meisten gefallen sich in dieser Rolle, da sie so gegenüber dem 'bösen Täter', dem Objekt ihrer bewertenden Einteilungen, wenigstens einen Sieg erringen können: den moralischen. Und sollte es nicht gelingen, in möglichen weiterführenden Fehden einem solchen moralischen Sieg auch einen juristischen folgen zu lassen, so kann dem Kläger (und immer weiter Klagenden) doch niemand das Gefühl nehmen, wenigstens moralisch im Recht zu sein.

Zwar sind die Übergänge fließend, dennoch geht der dogmatische Moralist in der Anwendung der moralischen Keule erheblich weiter: Da er sich als Don Quichotte einer 'besseren Welt' versteht, sieht er mit der 'bösen Tat' seine Stunde gekommen: er fordert schärfere Maßnahmen! Der Kampf für seine Moral ist für ihn gleichbedeutend mit dem Kampf gegen das Böse in der Welt, für den er notfalls über Leichen geht. Was er nicht sieht: Aus der streitbaren Kampfsituation heraus, in der er eine bestimmte Moralvorstellung mit Zähnen und Klauen verteidigt, folgt die Doppelmoral als Zwillingsbruder seiner Moral. Gegen was er zu Felde zieht, das ist umso präsenter. Wie viele mächtige Rufer gegen den 'Sittenverfall' sind exakt an dem von ihnen selbst definierten 'Verfall' auch beteiligt!

So taucht die Paradoxie jedes äußeren moralischen Systems erneut auf, wird aber vom militanten Tugendwächter durch ein psychologoisches System von Schuldzuweisung und Schamproduktion 'sublimiert' und kaschiert. Seine halbherzige Selbstreflexion prädestiniert ihn zum Führer religiöser oder politischer Sekten.

Am Ende der Skala von moralischer Machtlosigkeit und Moral der Macht steht schließlich jener Mächtige, der an die Moral, die er propagiert, selbst nicht glaubt, diese aber als wirkungsvolles Mittel seiner Machtausübung einsetzt.

Fazit: Erst mit der Erkenntnis der Grenzen und Widersprüchlichkeit _aller_ moralischer Systeme kann eine innere Moral wachsen, die auch das - nicht nur intellektuelle - Verstehen dessen einschließt, was von der gängigen Moral als aussätzig und böse bezeichnet wird. Eine solche innere Moral kann nicht auf ein neues System bauen, sondern nur auf ein neues Bewußtsein. Erst wenn jeder weiß, daß er genug hat oder haben kann und mit der Verletzung des anderen sich selbst trifft, erst dann wird sich die Erkenntnis durchsetzen, daß es unsinnig ist, seinen Nächsten zu schädigen. Ein solcher Mensch braucht keine Moral mehr! Damit werden auch die unvermeidlichen Paradoxien von Bewertungssystemen verschwinden!

Anmerkungen

1) Grochowiak, Klaus u. Susanne Haag: Seth und NLP, S. 50

2) Charon, Jean E.: Der Sündenfall der Evolution, S. 128-129

3) Goodman, Linda: Star Signs, S. 405-406

4) Walker, N. W.: Strahlende Gesundheit, S. 15-16

5) Gallmeier, in: Hirshberg, C. u. Marc Ian Barasch: Spontanheilungen, S. I (Vorwort)

6) Sheldrake, R.: Sieben Experimente, die die Welt verändern könnten, S. 223-224

7) zit. nach Wolinski, S.: Quantenbewußtsein, S. 30

8) zit. nach Wolinski, S.: a.a.O., S. 30-31

9) zit. nach Wolinski, S.: a.a.O., S. 195

10) Charon, Jean E.: a.a.O., S. 24

11) zit. nach Wolinski,S.: a.a.O., S. 45

12) Bohm, D./ Donald Factor: Die verborgene Ordnung des Lebens, S. 177

13) Wolf, Fred Alan: Die Physik der Träume, S. 199

14) Wolf, Fred Alan: a.a.O., S. 200

15) Zajonc, A.: Die gemeinsame Geschichte von Licht und Bewußtsein, S. 356

16) Zajonc, A.: a.a.O., S. 356

17) Bischof, M.: Biophotonen – Das Licht in unseren Zellen, S. 411

18) Bischof, M.: a.a.O., S. 411- 412

19) Bischof, M.: a.a.O., S. 412

20) Einstein, A., in: New York Times v. 25.5.1946

21) Bohm, D.: a.a.O., S. 64

22) Zeilinger, A., in: 'Drei umschlungene Photonen', Süddeutsche Zeitung v. 27.4.1999

23) Zeilinger, A., a.a.O.

24) Gribbin, J.: Schrödingers Kätzchen und die Suche nach der Wirklichkeit, S. 226

25) Preuß, H.: Materie ist nicht materiell, S. 201

26) Yam, Philip: 'Das zähe Leben von Schrödinger Katze', in: Spektrum derWissenschaft, 11/1997, S. 60
27) Davies, P.: Die Unsterblichkeit der Zeit, S. 295
28) Marciniak, B.: Boten des Neuen Morgens, S. 167-168
29) Schommers, W.: Wahrheit in der Physik und Grenzen der Erkenntnis, in: Elemente des Lebens, S. 67
30) Lao-Tse: Tao-Te-King, Kapitel 18, S. 42
31) Kant, Immanuel: Grundlegung zur Metaphysik der Sitten, S. 44

Literaturverzeichnis

Bischof, M.: Biophotonen - Das Licht in unseren Zellen, Frankfurt/M. 1995 (Zweitausendeins)

Bohm, D./ Donald Factor (Hrsg.): Die verborgene Ordnung des Lebens, Grafing 1988 (Aquamarin)

Capek, M.: The philosophical impact of contemporary physics

Charon, Jean E.: Der Sündenfall der Evolution, Frankfurt/M.-Berlin 1989 (Ullstein)

Chopra, Deepak: Die Körperseele, München 1993 (Knaur)

Davidson, J.: Das Geheimnis des Vakuums, Düsseldorf 1996 (Omega)

Davies, P.: Die Unsterblichkeit der Zeit

Dürr, H.-P. u. Franz-Theo Gottwald (Hrsg.): Rupert Sheldrake in der Diskussion, Bern-München-Wien 1997 (Scherz)

Einstein, A.: New York Times 25.5.46

Goodman, Linda: Star Signs, 1997 (Knaur)

Gribbin, J.: Schrödingers Kätzchen und die Suche nach der Wirklichkeit, Frankfurt/M. 1996

Grochowiak, Klaus u. Susanne Haag: Seth und NLP, München 1997 (Goldmann)

Haisch, B., Rueda, Alfonso u. Puthoff, H.E.: Beyond $E=mc^2$, in: The Sciences, 1995

Hirshberg, C. u. Marc Ian Barasch: Spontanheilungen. Wenn Krankheiten von allein verschwinden, Augsburg 1997 (Bechtermünz)

Hume, D.: Eine Untersuchung über den menschlichen Verstand, hg. Von Raoul Richter, Leipzig 1907

Jung, C.G. und W. Pauli: Naturerklärung und Psyche, Zürich 1952

Jung, C.G.: Synchronizität als ein Prinzip akausaler Zusammenhänge, Zürich 1952 (Rascher)

Jung, C.G. et al.: Der Mensch und seine Symbole, Olten 1980

Kant, Immanuel: Grundlegung zur Metaphysik der Sitten, Leipzig 1947 (Felix Meiner)

Korzybski, A.: Science and sanity: An introduction to Non-Aristotelian Systems and General Semantics, Lancaster 1933.

Lao-Tse: Tao-Te-King, Stuttgart 1979 (Reclam)

Manning, J.: Freie Energie - Die Revolution des 21. Jahrhunderts, Düsseldorf 1997 (Omega)

Marciniak, B.: Boten des Neuen Morgens, Freiburg 1995

Neuser, W. u. K. Neuser-von Oettingen (Hrsg.): Quantenphilosophie, Heidelberg 1996 (Spektrum)

Pauli, W.: Der Einfluß archetypischer Vorstellungen auf die Bildung naturwissenschaftlicher Theorien bei Kepler

Peat, D.F.: "Einsteins Moon", in: Bell's Theorem and the Curious Quest for Quantum Reality, Chicago 1990

Penrose, R.: Das Große, das Kleine und der menschliche Geist, Berlin 1998 (Spektrum)

Preuß, H.: Materie ist nicht materiell. Die Bedeutung der Quantenchemie für unser Denken und Handeln, Braunschweig/Wiesbaden, 1997

Schommers, W.: Wahrheit in der Physik und Grenzen der Erkenntnis, in: Elemente des Lebens, hsg. v. H.-P. Dürr, F.-A. Popp u. W. Schommers, Zug/Ch 2000 (Graue Edition)

Sheldrake, R., Terence McKenna u. Ralph Abraham: Denken am Rande des Undenkbaren, München 1995 (Piper)

Sheldrake, R.: Sieben Experimente, die die Welt verändern könnten, Bern-München-Wien 1994

Walker, N. W.: Strahlende Gesundheit, Hannover 1991

Wolf, Fred Alan: Die Physik der Träume, Berlin 1995 (Byblos)

Wolinsky, Stephen: Quantenbewußtsein, Freiburg 1996 (Lüchow)

Yam, Philip: "Das zähe Leben von Schrödingers Katze", in: Spektrum der Wissenschaft,
11/ 1997

Zajonc, A.: Die gemeinsame Geschichte von Licht und Bewußtsein, Reinbek bei Hamburg 1997 (Rowohlt)

Zeilinger, A., in : 'Drei umschlungene Photonen', Süddeutsche Zeitung v. 27. 4. 1999